中国建构运动健康型社会的研究

邱远　刘柏青◎著

北京理工大学出版社
BEIJING INSTITUTE OF TECHNOLOGY PRESS

内 容 提 要

党的十九大报告指出："要广泛开展全民健身活动，加快推进体育强国建设，筹办好北京冬奥会、冬残奥会。"显然，这是一个新时代的新命题。在这样的阶段，中国体育发展也进入了一个新阶段，体育需要新逻辑、新思考、新作为和新范式。作为战略构建，新时代中国体育发展首先需要回答好构建什么样的战略这一重大问题，以引领体育发展的新时代。显而易见，秉承完整的中国特色社会主义思想体系，建构全面融入小康社会建设和健康中国建设的体育社会，即中国特色的运动健康型社会，是"健康中国"建设的具体化，也是实现中国体育强国战略目标的具体化。借此，本书首先对运动健康型社会的概念进行了初步的界定，指出了其建构的目的和意义，进而深入剖析了其理论基础和实践思想，重点探究了建构运动健康型社会的行动基础与改革路径，并就有关应用提出了具体的解决方案和举措，最后对运动健康型社会进行了展望。

图书在版编目（CIP）数据

中国建构运动健康型社会的研究 / 邱远，刘柏青著.—北京：北京理工大学出版社，2019.1

ISBN 978-7-5682-6600-0

Ⅰ.①中…　Ⅱ.①邱…②刘…　Ⅲ.①全民健身－研究－中国　Ⅳ.①G812.4

中国版本图书馆CIP数据核字(2019)第004304号

出版发行 / 北京理工大学出版社有限责任公司
社　　址 / 北京市海淀区中关村南大街5号
邮　　编 / 100081
电　　话 /（010）68914775（总编室）
（010）82562903（教材售后服务热线）
（010）68948351（其他图书服务热线）
网　　址 / http://www.bitpress.com.cn
经　　销 / 全国各地新华书店
印　　刷 / 北京紫瑞利印刷有限公司
开　　本 / 710毫米×1000毫米　1/16
印　　张 / 11
字　　数 / 157千字
版　　次 / 2019年1月第1版　2019年1月第1次印刷
定　　价 / 55.00元

责任编辑 / 王晓莉
文案编辑 / 王晓莉
责任校对 / 周瑞红
责任印制 / 边心超

图书出现印装质量问题，请拨打售后服务热线，本社负责调换。

前　言 Preface

体育之道，首在“育体养人”，次在“种风正气”。故体育素有“生命在于运动”“强种强族”之说辞。对于“家国一体观”大行其道几千年的中国人来说，体育是社会发展和人类进步的重要标志，是综合国力和国家软实力的重要体现。所谓的“以自然之道，养自然之身”，就是说每一个个体的健康成长都离不开体育，健康中国也更不能够没有体育，全面建成小康社会更需要体育的融入和助力。

当下之中国体育，优弊可谓泾渭分明。举国体制之下，竞技体育登峰造极，跻身世界三甲；群众体育亦已经上升为国家战略，全民健身初成巍然之态势；体育产业势头高猛，欣欣向荣……但是，优象之下弊病成疴，重现代而轻传统，重竞技而轻育养，重利益而轻文化……不一而足，导致体育之整体人为割裂、根本弱化，未尽福祉。其治理更是画地为牢，利益藩篱愈演愈烈，为国人强烈诟病，不可持续。

今日之中国体育，悄然走进了新时代，面临发展之大机遇、大格局、大挑战，无论全面建成小康社会，抑或健康中国建设，乃至体育强国建设，都离不开体育的深度融合和全面支撑，亟待体育因事而化、因时而进、因势而新，需要体育以整体的、全面的、体系化的、协同创新的新业态和新模式全面融入社会和建设事业。

受2012年巴西贝罗塔斯联邦大学Pedro Hallal等学者在《柳叶刀》杂志发表的一系列有关论文的启发，笔者与刘柏青副教授开始审视和思考我国体育未来的发展之道，确立了基于“大体育”“融合发展”“协同创新”“高质量发展”等理念下如何建构“体育社会”的研究课题……历时六年酝酿，比较成熟地提出了“建构具有中国特色、世界视野的运动健康型社会”的新思想和新路子，并笔耕其中，期成梨枣，期待为全面提升体育发展的水平和质量，提升体育服务和作用于经济社会的贡献度和支撑力，最终达到全面提高国民体质和健康水平等起到些许的思想作用和实践启发。

诚然，纵使笔者初心不改，立言心切，但由于笔者才疏学浅，力有不逮，书中难免存在不足，乃至疏漏，敬请行者斧正。

著　者

目 录 Contents

第一章　运动健康型社会概述

第一节　运动健康型社会的界定

一、何谓“运动健康型社会”？

运动健康型社会是指基于人为中心的经济社会深度发展，体育事业和体育产业全要素无缝集合，共同促进和实现全体国民全维度健康的新型体育社会。

我国运动健康型社会的建构，是以习近平新时代中国特色社会主义思想为指导，以全面建成小康社会和“健康中国”建设为抓手，紧紧围绕国家统筹推进“五位一体”总体布局和协调推进“四个全面”战略布局，坚持以人为中心的发展思想，以“互联网＋信息技术”为助推器，以绿色朝阳体育产业和内涵型体育文化建设为两翼，以体育与健康事业为主体，以深度改革和全要素协同联动为动力，加快转变体育领域的发展方式，重塑体育与国民健康事业、体育文化事业、体育产业三者之间的结构关系，推动学校体育、群众体育、竞技体育、体育产业、体育文化“五位一体”有序发展，全方位、全周期维护和保障国民人人享有体育，大幅提高国民体质健康水平，实现体育与人、家庭、社会、国家全要素高度集合的新型社会(社会发展新阶段)。

二、运动健康型社会的显性特点

(1)运动健康型社会是体育全面融入小康社会建设和“健康中国”建设的手段和途径，推进运动健康型社会的建设必须倒逼体育实施全面改革和深度改革，生成内生性体育，实现战略性转型。

(2)体育是由体育事业和体育产业两部分有机组成的。要实现体育的内生性发展和战略性转型，务必要推进体育事业与体育产业的高度融合和协同发展。

(3)体育事业回归教育和体育产业回归市场，是体育事业与体育产业融合发展的前提和基础，也是运动健康型社会建设的关键。

“求木之长者，必固其根本；欲流之远者，必浚其泉源”。可见，运动健康型社会具有丰富、多元的体育价值观与体育文化，是中国体育事业发展的内在推动力，是形成现代社会体育文化的基础，是实现人的全面发展的重要途径。运动健康型社会建设，是我国社会体育发展的新方向。

第二节　运动健康型社会的基本结构与指标体系

一、运动健康型社会的基本结构

(1)运动健康型社会由体育事业和体育产业两部分构成，是两者高度融合发展的社会体现。在运动健康型社会建设过程中，体育事业和体育产业的发展是有机协同的，体育事业的发展带动体育消费，促进体育产业的发展壮大；体育产业的发展壮大反哺体育事业的建设，加快推进体育事业的发展和进步。

(2)体育事业由体育文化、学校体育、群众体育和竞技体育四部分组成。无论是体育文化、学校体育，还是群众体育和竞技体育，都具有公益性质，都属于教育的范畴，其建设都要回归到教育体系当中进行。体育事业的建设目标是以人为本，打造“五型一体”融合发展的体育生涯，即儿幼童运动娱乐型学习生涯、青少年运动健康型学习生涯、中青年运动休闲型工作生涯、老年人运动养生型养老生涯、职业运动员社会保障型运动生涯。

(3)体育产业主要由体育管理业、体育竞赛表演业、体育健身休闲业、体育场馆服务业、体育中介服务业、体育培训与教育业、体育传媒与信息服务业、其他与体育相关服务业、体育产品制造业、体育用品贸易服务业、体育场地设施建设业等十一大类组成，都属于经营性盈利性活动，其建设都要回归市场经济层次进行建设。体育产业的建设目标是以经济发展为本，按新兴产业、绿色产业和朝阳产业的发展愿景，打造其成为国民经济支柱性产业之一。

二、运动健康型社会主要的指标体系

运动健康型社会主要的指标体系见表 1-1。

表 1-1　运动健康型社会主要的指标体系表

领域	目标	理念	实现路径	主要指标
学校体育	高水平学校体育	树立嵌入学习生活的“大学校体育”	构建“儿幼童运动娱乐型学习生涯”和“青少年运动健康型学习生涯”	1. 健康素养水平达到 0.8 以上 2. 熟练掌握并运用 1～2 项运动技能 3.《国家学生体质健康标准》优秀率达到 35%以上 4. 学校体育场地设施与器材配置达标率达到 100% 5. 儿童青少年学生周体育活动中等强度 5 次以上
群众体育	高水平群众体育	树立嵌入工作生活的“大群众体育”	构建“中青年运动休闲型工作生涯”和“老年人休闲养生型养老生涯”	1. 运动人口达到 70%以上 2. 每人拥有运动场地 4 平方米以上 3. 运动设施建设城乡全覆盖 4. 人均体育运动消费占收入的 7%以上
竞技体育	高水平竞技体育	树立嵌入教育的“大竞技体育”	构建“职业运动员社会保障型可持续运动生涯”	1. 体育运动产业占 GPD 的 7%以上 2. 职业联赛观众参与率达到 80%以上 3. 高水平运动竞赛整体水平世界前三 4. 高水平运动员培养使用“体教结合”全覆盖
体育产业	高水平体育产业	树立嵌入经济社会发展的“大体育产业”	构建“平台＋内容＋衍生经济”的“大文化”商业模式	1. 体育产业总规模超过 8 万亿元 2. 从业人员超过 1 000 万人 3. 对国民经济的贡献率达到 2.0%以上 4. 打造 3～5 个世界级体育品牌

续表

领域	目标	理念	实现路径	主要指标
体育文化	高水平体育文化	树立嵌入生产生活方式的“大体育文化”	构建“可视化、载体化、故事化、数字化、产业化、生活化”的“六化”发展模式	1. 实现社区(农村)体育文化建设和宣传全覆盖 2. 建成3～5个世界级体育小镇 3. 建成1 000个以上特色体育小镇
体育生态圈	高水平“体育融合发展生态圈”	树立“大体育社会”	建立政府、社会、个人、市场“四位一体”的体育发展模式	1. 建立完善的体育法律法规体系 2. 建立完善的体育全域管理体系 3. 建立完善的体育全域服务体系 4. 建立完善的“体医教文产”协同体系

三、相关概念说明

(1)建设绿色朝阳体育产业是指基于现代智造、创意设计、健康服务等实现体育绿色发展，使其成为新的支柱型产业，开启我国经济增长新引擎。

(2)建设内涵型体育文化是指建设全民尊重体育、敬畏体育、热爱运动、崇尚运动的文化环境，实现国民文明健康的生活方式，为经济社会和文化进步的可持续发展提供新的支撑和动力。

体育文化激励人们奋发向上，对塑造价值观具有引导作用。当运动成为一种生活方式，绝不仅仅体现在人均体育面积和锻炼频率的数字变化上，而是把身心健康作为个体全面发展的追求，其中蕴含着热爱生活、尊重他人、服务社会的价值内涵。

(3)体育与健康是指体育回归人的全面和健康发展的层面，以人为中心，推动学校体育、群众体育、竞技体育三者之间一体化的有序发展，实现“五型一体”，即儿幼童运动娱乐型学习生涯、青少年运动健康型学习生涯、中青年运动休闲型工作生涯、老年人运动养生型养老生涯、职业运动员社会保障型运动生涯等融合发展，全面融入小康社会建设。

(4)中国体育正在进入全新的发展时期。在新时代，以学校体育的大发展为基础，以大众勃发的运动热情为标志，以体育产业的美好未来为愿景，以竞技体育的重构发展思路为依托，体育在经济社会发展中的价值得到全新的梳理和判断，体育发展的新格局已显现。

(5)运动健康型社会是无缝对接我国全面建成小康社会和“健康中国”建设的新型社会，是体育需要“从生存性体育向内生性体育转变”的新的历史时期，作为与时俱进而生成的新设想，是体育人本化和体育社会化高度集成的先进理念。运动健康型社会不仅能够全面融入小康社会和“健康中国”建设之中，成为经济社会建设的重要的有机组成部分，而且能够成为重要力量和强力推手，生发宏大的内动力，倒逼体育的全面改革和深度改革，创新体制机制，促进体育的自我实现和战略转型，实现人人享有体育、人人享有体质健康、人人享有体育服务，铸就中国模式。

第二章　建构运动健康型社会的背景

第一节　全面建成小康社会

党的十八大报告首次正式提出“全面建成小康社会”。“小康社会”是由邓小平于20世纪70年代末80年代初在规划中国经济社会发展蓝图时提出的战略构想。随着中国特色社会主义建设事业的深入，其内涵和意义不断地得到丰富和发展。在20世纪末基本实现“小康”的情况下，中共十八大报告明确提出了“全面建成小康社会”，党的十九大报告则郑重提出“决胜全面建成小康社会，夺取新时代中国特色社会主义伟大胜利”的宏伟蓝图。2017年10月18日，国家领导人指出，我们既要全面建成小康社会、实现第一个百年奋斗目标，又要乘势而上开启全面建设社会主义现代化国家的新征程，向第二个百年奋斗目标进军。

可见，全面建成小康社会是实现“两个一百年”奋斗目标的关键一步，必将是目前和今后一个历史时期内中国的头等大事，也是一切社会事业的基本背景。

全面建成小康社会需要达成“十大标准”：一是人均国内生产总值超过3 000美元。这是全面建成小康社会的根本标志。二是城镇居民人均可支配收入达到1.8万元。三是农村居民家庭人均纯收入达到8 000元。四是恩格尔系数低于40%。五是城镇人均住房建筑面积不低于30平方米。六是城镇化率达到50%。七是居民家庭计算机普及率达到20%。八是大学入学率达到20%。九是每千人医生数为2.8人。十是城镇居民最低生活保障率达到95%以上。

为此，全面建成小康社会需要在以下“五项指标”中着力和发力：

第一，经济建设：增强发展协调性，努力实现经济又好又快发展。在经济建设上，保持经济中高速增长，推动产业迈向中高端水平。经济年均增长保持在6.5%左右，到2020年国内生产总值和城乡居民人均收入将比2010年翻一番。届时，我国经济总量将超过90万亿元，发展的质量和效益明显提高，创新驱动成效显著，发展协调性明显增强。此外，自主创新能力显著提高，科技进步对经济增长的贡献率大幅上升，进入创新型国家行列。居民消费率稳步提高，形成消费、投资、出口协调拉动的增长格局。城乡、区域协调互动发展机制和主体功能区布局基本形成。社会主义新农村建设取得重大进展。

第二，政治建设：各方面制度更加成熟，更加定型。全面依法治国、建设中国特色社会主义法治体系、建设社会主义法治国家的总目标基本实现，国家治理体系和治理能力现代化取得重大进展，各领域基础性制度体系基本形成。人民民主更加健全，法治政府基本建成，司法公信力明显提高。

第三，文化建设：国民素质和社会文明程度显著提高，文化自信和国家文化软实力显著增强。“中国梦”成为全民共识，社会主义核心价值观融入法治建设，中华优秀传统文化、革命文化和社会主义先进文化进一步得到弘扬，人民思想道德素质、科学文化素质、健康素质明显提高，全社会法治意识不断增强。人民不仅在物质生活上更加殷实，而且在精神生活上更加富足。

第四，社会建设：人民生活水平普遍提高。就业、教育、文化、体育、社保、医疗、住房等公共服务体系更加健全，基本公共服务均等化水平稳步提高。教育现代化取得重要进展，劳动年龄人口受教育年限明显增加。就业比较充分，收入差距缩小，中等收入人口比重上升。实现1亿左右农业转移人口和其他常住人口在城镇落户，完成约1亿人居住的棚户区和城中村改造，引导约1亿人在中西部地区就近城镇化。

第五，生态文明建设：生态环境质量总体改善。坚持绿色富国、绿色惠民，为人民提供更多优质的生态产品，推动形成绿色发展方式和生活方式。能源和水资源消耗、碳排放总量等得到有效控制，主要污染物排放总量大幅减少。单位国内生产总值用水量、能耗、二氧化碳排放量明显下降，森林覆盖率达到23.04%，能源资源开发利用效率大幅提高，生态环境质量总体改善。特别是治理大气雾霾取得明显进展，地级及以上城市空气质量优良天数比率超过80%。主体功能区布局和生态安全屏障基本形成，协同推进人民富裕，国家富强，中国美丽。

“没有国民的健康，就没有小康社会。”根据国际货币基金组织(IMF)的数据，我国已于2012年跻身世界中等收入国家行列。但是，能否打破“中等收入国家发展陷阱”的魔咒，实现党在十九大报告中提出的“决胜全面建成小康社会，夺取新时代中国特色社会主义伟大胜利”的目标，无疑是一个全新的挑战和全新的课题。要实现十九大提出的“决胜全面建成小康社会”，建成民主、文明、法治、和谐社会，除人均GDP之外，更重要的是包括科技、教育、文化、法治、医疗保健等在内的社会体系的内涵和质量建设方面，开启创新的支柱型经济引擎，能够不断地集聚民族正气，崇尚积极向上的正义精神，追求文明健康的生活方式，淡化物质金钱至上的功利思想和观念，在全社会形成向善包容、和谐融洽、健康活泼的人际文化。此外，在全面建成小康社会的“十项”小康标准中，其中五项建设指标都与体育有关。例如，经济建设离不开体育产业2%以上总产值的贡献，政治建设中为大众提供基本的体育公共服务乃是政府的基本职能，文化建设离不开体育文化和体育精神的融合和助力，等等。

第二节 “健康中国”建设

“健康中国”建设是在全面建成小康社会的背景下提出的国家战略，具有基础性、全局性、引领性的意义。党的十九大报告进一步明确要“实施健康中国战略”。国家领导人在全国卫生与健康大会上强调：“没有全民健康，就没有全面小康。”随后，中共中央、国务院印发了《“健康中国2030”规划纲要》，从战略主题的层面明确要求：“体育等行业要主动适应人民健康需求，深化体制机制改革，优化要素配置和服务供给，补齐发展短板，推动健康产业转型升级，满足人民群众不断增长的健康需求。”可见，体育是“健康中国”建设的重要元素，不可或缺。

在《“健康中国2030”规划纲要》中，分两个阶段提出了体育需要实现的战略目标：一是“到2020年，建立人人享有基本体育健身服务”；二是“到2030年，完善的全民健身公共服务体系全面建立，健康生活方式得到普及，基本实现健康公平”。在十三个所列的主要建设指标里，健康水平的要求为：城乡居民达到《国民体质测定标准》合格以上的人数比例，2020年要达到90.6%，2030年要达到92.2%；健康生活的要求为：经常参加体育锻炼的人数，2020年要达到4.35亿人，2030年要达到5.3亿人。

对此，依照“共建共享”建设“健康中国”的基本路径，提出了实现体育战略目标的规划设计：

第一，在“普及健康生活”建设方面，全面嵌入体育，具体要求：一是加强健康教育，提出了“加大学校健康教育力度”的要求，实施“培养健康教育师资，将健康教育纳入体育教师职前教育和职后培训内容”的举措；二是提高全民身体素质，提出了“完善全民健身公共服务体系”“广泛开展全民健身运动”“加强体医融合和非医疗健康干预”和“促进重点人群体育活动”的要求，首次提出了实施“扶持推广太极拳、健身气功等民族、民俗、民间传统运动项目”“推动形成体医结合的疾病管理与健康服务模式”“制订实施青少年、妇女、老年人、职业群体及残疾人等特殊群体的体质健康干预计划”等举措。尤其在促进重点人群体育活动方面，对青少年学生，提出了清晰的实现指标：“到2030年，学校体育场地设施与器材配置达标率达到100%，青少年学生每周参与体育活动达到中等强度3次以上，国家学生体质健康标准达标优秀率达到25%以上。”

第二，在“发展健康产业”建设方面，嵌入体育，具体要求：一是发展健康服务新业态，提出了“培育健康文化产业和体育医疗康复产业”的要求；二是积极发展健身休闲运动产业，提出了“引导社会力量参与健身休闲设施建设运营”“打造健身休闲服务综合体”“打造具有区域特色的健身休闲示范区、健身休闲产业带”等举措。

第三，在“健全支撑与保障”建设方面，嵌入体育，具体要求：一是加快转变政府职能领域，提出了“加强卫生、计生、体育、食品、药品等健康领域监管创新，加快构建事中和事后监管体系，全面推开‘双随机、一公开’机制建设”的要求；二是加强健康人力资源建设领域，提出了“加强社会体育指导员队伍建设，到2030年，实现每千人拥有社会体育指导员2.3名”的要求；三是加强健康法治建设领域，提出了“强化政府在医疗卫生、食品、药品、环境、体育等健康领域的监管职责”的要求。

概言之，推进“健康中国”建设，要达成《“健康中国2030”规划纲要》提出的总的目标，要求体育必须全面融入经济社会建设之中，树立“大体育”理念，建构“体育社会”新观念，努力实现体育工作全地域覆盖、全周期服务、全社会参与、全人群共享、全球化合作，不断增强广大群众的获得感和幸福感。

第三节　人力资源强国建设

人力资源，又称劳动力资源或劳动力，是指能够推动整个经济和社会发展、具有劳动能力的人口总和。人力资源的最基本方面，包括体力和智力。如果从现实的应用形态来看，则包括体质、智力、知识和技能四个方面。一个国家的人力资源适中会促进社会的发展，增强国家的竞争力，实现强国的目的。

我国早在十七大就提出了建设人力资源强国的战略。根据党的十七大关于“优先发展教育，建设人力资源强国”的战略部署，教育部制定《国家中长期教育改革和发展规划纲要(2010—2020年)》，提出“优先发展、育人为本、改革创新、促进公平、提高质量”20字工作方针，把教育的“优先发展、育人为本”放在最前面的位置。人力资源强国必须以“国民良好的体质健康”为基础，否则，一切都将是妄谈。其中，最重要的前提和彰显就是，一代代的青少年必须具有良好的健康体质。因为，青少年的身体素质是一个国家民族身体素质的基础。但是，2012年公布的全国青少年体质调查结果显示：由于缺乏合理营养结构和科学运动习惯，青少年“小胖墩”“小豆芽”和“硬、软、慢、笨”四种情况比率不断扩大，青少年体质不仅在抵御感冒发烧等普通疾病方面下降趋势明显，而且在体能、精力、耐寒能力、身体协调能力和抗击打能力等综合方面均呈现下降态势。最近一次调查报告表明，学生肥胖率在过去5年内迅速增加，1/4的城市男生是“胖墩”；60%的初中生有近视，高中生为76%，大学生高达83%。我国成年人的体质也在下降。2014年健身人群体质抽测调查结果显示，我国20岁至69岁城乡居民，超重、肥胖率分别达到33.6%和11.9%，身体机能、素质水平仍然处于下降趋势，特别是肺活量和协调性下降明显，情况不容乐观。《“健康中国2020”战略研究报告》也指出，15年间，由于成年人中有八成人从不锻炼身体，我国的患病人次数增加了20%，运动不足是慢性病的关键病因之一。有研究显示，目前我国的慢性病负担已经远超传染性疾病负担。运动不足要付出的代价是巨大的，我们可以从国家和个人两个层面去审视。为了治疗因运动不足引发的疾病，政府要支付巨额医疗经费。调查显示：我国2008年与此相关联的医疗费用大约在千亿人民币。对个体而言，运动不足付出的“成本”也是高昂的，最终还得由自己的身体、生活以更大代价偿还。如果一代代青少年的体质健康水平长期处于“弱化”的状态，何谈“国民良好的身体素质”呢！可见，青少年体质健康的“弱化”，不但危及国家安全，建设人力资源强国的战略也将成为一句空话，甚至影响到国家和民族的未来。

党的十九大报告中指出，实现实体经济、科技创新、现代金融、人力资源协同发展，使科技创新在实体经济发展中的贡献份额不断提高，现代金融服务实体经济的能力不断增强。人力资源支撑实体经济发展的作用不断优化，就要加快构建国家制造业创新体系，包括完善以企业为主体、需求为导向、产学研深度融合的技术创新体系，建成一批高水平制造业创新中心，培育一批创新型领军企业等；现代金融服务实体经济的能力不断增强，就要落实好中央出台的金融支持实体经济相关政策，运用大数据、互联网等新型技术改善融资服务，积极发展多层次资本市场，增强金融服务实体经济能力；人力资源支撑实体经济发展的作用不断优化，就要落实好新时期产业工人队伍建设改革方案和制造业人才发展规划指南，培养一大批具有创新精神和国际视野的企业家人才、专家型人才和高级经营管理人才，建设知识型、技能型、创新型的劳动者大军，使经济发展建立在依靠科技进步、资本配置优化和劳动者素质提高的轨道上，真正实现高质量发展，保障中国经济“巨轮”行稳致远。

第四节　建设体育强国

体育强国是新时期我国体育工作改革和发展的目标与任务，我国要力争实现体育大国向体育强国的转变。对于体育强国建设的重要意义及其实现路径，2017 年 8 月 27 日，国家领导人在会见全国体育先进单位和先进个人代表等时强调：“加快建设体育强国，就要坚持以人民为中心的思想，把人民作为发展体育事业的主体，把满足人民健身需求、促进人的全面发展作为体育工作的出发点和落脚点，落实全民健身国家战略，不断提高人民健康水平。”“加快建设体育强国，就要把握体育强国梦与中国梦息息相关的定位，把体育事业融入实现‘两个一百年’奋斗目标大格局中去谋划。”可谓一语中的，高瞻远瞩。

1983 年，原国家体委《关于进一步开创体育新局面的请示》中，第一次明确提出了要在 20 世纪末把我国建设成为“世界体育强国”的目标；2008 年胡锦涛在《北京奥运会、残奥会总结表彰大会上的讲话》指出：“进一步推动我国由体育大国向体育强国迈进。”并强调：“我们要坚持以增强人民体质、提高全民族身体素质和生活质量为目标，高度重视并充分发挥体育在促进人的全面发展、促进经济社会发展中的重要作用，实现竞技体育和群众体育协调发展。”这一论断强调了体育强国不仅是竞技体育的领先，群众体育事业也是体育强国的重要标志。2017 年国家领导人在会见全国体育先进单位和先进个人代表等时强调：“体育承载着国家强盛、民族振兴的梦想。体育强则中国强，国运兴则体育兴。要把发展体育工作摆上重要日程，精心谋划，狠抓落实，不断开创我国体育事业发展新局面，加快把我国建设成为体育强国。”加快建设体育强国，就要弘扬中华体育精神，弘扬体育道德风尚，坚定自信，奋力拼搏，提高竞技体育综合实力，更好地发挥“举国体制”的作用，把竞技体育搞得更好、更快、更高、更强，提高为国争光能力，让体育为社会提供强大的正能量。十九大报告明确提出了建设体育强国的目标，国内体育界的转型发展到了关键节点。新时代的历史方位决定了体育应有新的战略、新的布局、新的架构和新的目标体系。“举国体制”应该变成全民性的全方位的普惠体制，应是全体人民而不是部分人的权利。体育强国是体育的全面振兴，而不只是竞技体育的为国争光。体育的转型发展重点要解决目前体育发展不平衡、不充分的问题，满足老百姓日益增长的体育需求，使体育向普惠的体育、全民的体育、教育的体育、文化的体育、健康的体育、休闲的体育和生活的体育的方向发展。一切以人民的体育需求为中心、为目的、为目标。

迈向体育强国的奋斗目标需要我们完成以下几项工作：一是建立覆盖城乡的全民健身服务体系，不断提高公民基本体育需求的水平，在群众体育的政府投入、群众体育的组织化水平、经常参加体育活动的人口比例、人均体育场地面积、社会指导员的数量和质量等指标达到或超过中等发达国家水平。二是坚持改革和完善竞技体育的举国体制，拓展夯实竞技体育的项目基础和人才基础，保持优势项目，强化潜在优势项目，重点发展以田径和游泳为代表的基础大项和以篮球、足球、排球为代表的集体球类项目，稳定发展职业体育，培养和造就一批具有世界影响力的体育明星和体育品牌。三是不断扩大开放，深化改革，消除制约体育产业发展的体制和机制障碍，以大力发展运动项目产业为基础，抓住城市、青少年和中等收入阶层三个重点，建立和完善覆盖全社会的、高中低档并存的大众健身娱乐市场，和以职业联赛和各类商业性竞赛表演为主体的体育竞赛市场，带动体育中介、体育传媒、体育会展、体育旅游、体育文化创意、体育装备制造与销售的全面发展。四是培育和提升中国体育的国际影响力，树立讲信誉、敢担当、负责任的大国形象，要积极倡导相互尊重、相互借鉴、平等协商、求同存异、尊重多样性的处事原则，做到发展机遇共享，共同应对挑战。

当今中国体育正处于从体育大国向体育强国迈进的重要历史时期，既面临着经济发展、社会进步、文化事业繁荣发展的大好机遇，又面临着对社会转型加剧、体制改革深化的挑战。我们需要认真思考和推动解决体育强国建设中的重大理论、政策和实践问题，如体育管理体制的创新问题、公共体育的服务问题、社会体育文化与公民体育意识的培育问题、竞技体育的结构优化问题、运动员文化教育和后备人才的培养问题、职业体育的发展定位和体制机制问题、体育赛事的管理与改革问题，等等。这些都是中国体育现代化进程中必须予以正式和努力解决的问题。为此，需要加强战略思想上的长远谋划，加强政策体制上的科学设计，并扎扎实实逐一攻克、破解难题。以体育强国目标为指引，以改革创新的精神继续推动、巩固和扩大成果，我们必能创造中国体育更加美好的未来。

第三章　运动健康型社会国内外研究动态

运动健康型社会是新时代的新思想和新产物。本课题提出了新时代建构“运动健康型社会”的构想和思路，这是基于全面建成小康社会、“健康中国”建设、人力资源强国建设和建设体育强国“四大”国家层面的战略背景下提出来的，具有重要的时代意义、历史意义和现实意义。运动健康型社会是全面建成小康社会的重要组成部分，是“健康中国”建设的支撑之一，是人力资源强国建设的基础，是建设体育强国的载体和归宿。

对于本课题提出的“运动健康型社会”(Sports and healthy society)核心概念及其界定，遍览史籍和文献资料，迄今为止，罕有国内外专家学者明确提出或定义。2012 年国外只有巴西贝罗塔斯联邦大学的 Pedro Hallal 等极少数学者，提出了“运动型社会”(Sports society)的类似观点。在国内，除本课题主持人外，尚罕有相同或类似的观点及其研究。但是，对于“体育社会”(Sports society)问题，随着我国“五位一体”发展战略布局和“五位一体”新发展理念的提出和深入推进，随着全民健身上升为国家战略，体育学界和业界部分有识之士已经开始跳出“体育”本身来思考我国体育未来的发展方向及其实现路径，朝着建构某型“体育社会”(Sports society)的大方向和大思路迈进，并尝试探讨体育问题的普遍性解决之道。

第一节　运动健康型社会国外研究动态

对于“运动健康型社会”的研究和建构，2012 年之前，国外类似的研究罕有提及。2012 年有所管窥，其成果较早可以追溯到2012年伦敦奥运会期间在《柳叶刀》杂志发表的一系列论文。

美国得克萨斯大学健康科学中心的Harold Kohl Ⅲ称，现在我们处于“运动不足的大流行期”。

“运动不足是威胁大众健康的重要原因。”美国“运动是良医”咨询委员会主席Robert E. Sallis说，运动不足是一种全球“流行病”。

澳大利亚悉尼大学的Adrian Bauman等指出，运动不足的因素包括经济状况、社会规范、城市化和工业化程度等。在个体方面，年龄、性别、健康状况、自我效能和既往的体力活动情况均与目前的运动量有关。

巴西贝罗塔斯联邦大学的Pedro Hallal等学者针对“运动不足的大流行期”提出：“运动并非某一个体的行为，政府、研究人员和政策制定者均应帮助建立一个负担得起的、安全的、方便的、有价值的‘运动型社会’(Sports society)。”

美国田纳西大学的Gregory Heath等提出，促进身体锻炼需要学校、商人、政策制定者、运动倡导组织、娱乐及计划部门、交通部门和医疗系统的通力协作。但也仅止于此建议，没有见到相关的深入和应用研究。

第二节　运动健康型社会国内研究动态

对于“运动健康型社会”，国内的有关研究和探讨极为罕见。类似的与社会关联、与经济社会发展内涵关联的描述，有一定的意识和管窥，显示出体育学界和业界部分有识之士已经对“体育社会”问题在深入思考，呈现出随着社会发展主旋律主体的变化而不断演进至明朗的结果，主要观点如下：

早在1983年，聂啸虎在《试论体育史与社会学》一文中指出：“体育在其历史发展过程中，从根本上说是社会的产物，它和社会有着密切的关联性。”

1989年，李树怡在《我国现阶段体育社会系统与结构的研究》一文中认为：“从客观上讲，中国体育社会是一个系统。这个系统又置身于中国社会主义初级阶段这一社会大系统之中。”

毛振明认为：“体育是现代人的必修课，体育是现代人的生活内容，体育是对人类自然和社会本性的维护。”强调了体育对一个国家、一个民族、一个人成长发展的重要性。

薛原认为：“体育覆盖人的一生，从少年到老年，从校园到社区，这种根植于大众、属于全社会的特性，意味着体育的‘毛细血管’要四通八达，无数‘细胞’要足够活跃。”因此，薛原认为：“体育在社会发展中的功能和角色更为多元，建构起和时代特征相适应，和大众需求相呼应的大局观，是已经破题的体育改革如何扬帆远航的应有前提。”

钟秉枢认为：“在2013年的政府工作报告和十八届三中全会当中，把体育纳入了社会事业板块中。从这个角度来看，体育要扩大原有的增强体质，要为整个社会发展、文化发展以及为社会文化消费的发展作出应有的贡献。”对此，他进一步阐述：“体育已经不再仅仅关系到个人的身体状况和通过个人的调节来加以解决，而是越来越被纳入社会的发展轨道，受到社会各方面和各种力量的制约和影响。”

卢元镇在《全民健身：健康中国的有力支撑》中指出：“体育究竟应该起到何种社会作用是一个国际性话题，值得深入研究。”并认为美国、欧洲、日本等推出“‘Sport for all’计划并不是偶然的，而是因为当今健康所具有的社会性的必然要求”。为此，卢元镇提出我国体育的“四个前置”：“一是在国家经济与社会发展的整体活动中体育地位的前置，二是在医疗健康干预与非医疗健康干预排序过程中体育地位的前置，三是在教育中的体育地位的前置，四是在体育内部要做到全民健身地位的前置。”

马剑进一步认为：“中国体育正在进入全新的发展时期。全面认识、深度挖掘体育的社会价值和需要，才能给中国体育带来更广阔的发展空间。”同时提出：“随着时代的进步，人们对体育在国家和社会发展作用的认识更为多元。全民健身被提升至国家战略层面，这意味着要从更高的视野，更广的范围去建构发展模式。”

特别需要指出的是，2016 年，董跃春、谭华、宋宗佩等人已经开展了“体育社会”具体化建构比较深入的研究，在《建设终身体育社会的价值研究》一文中指出：“终身体育社会具有丰富、多元的体育价值观与体育文化，是形成现代社会体育文化的基础，是实现人的全面发展的重要途径。以终身体育社会为目标，是我国社会体育发展的方向。”这可以说，是我国学界和业界第一个比较明确的关于“体育社会”建构的初步研究，有着方向性的参考意义。

本课题组在《体育促进“健康中国建设”的路径研究》中提出了如下观点：

一是在“健康中国”语境下，注定了 2017 年是不平凡的一年。2017 年，开启了中国“大体育”的里程，体育强国的建设步入了全社会聚合和全民举力的新阶段，“大体育社会”呼之欲出。

二是随着中国经济社会的发展，在全面建成小康社会和“健康中国”建设的历史进程中，体育应当当仁不让地承担起新的历史使命，以“体育社会”的理念和建设思路，编织好融合“健康中国”建设的价值网，顺势而为，勇于担当。

三是运动健康型社会是“健康中国”建设的具体化，是高度契合“健康中国”建设的体育社会，是高度分工和精细合作融合的社会发展阶段。其链条和枢纽之间的关联非常细腻，高度发达，而且可形成政府、社会、个人、市场“四位一体”的稳定的利益大联合体，对实现“健康中国”战略目标具有重要意义，也是实现中国体育强国战略目标的具体途径。

四是运动健康型社会具有丰富、多元的体育价值观与体育文化。

综上所述，对于体育学界和业界来说，“运动健康型社会”在国内外尚属首次提出，这将有助于中国占据体育发展的新高地，不但具有较高的学术价值和应用价值，还具有十分重要的现实意义和社会意义。

第四章　建构运动健康型社会的目的与意义

第一节　建构运动健康型社会的目的

建构运动健康型社会的目的主要出于三个方面的考量。

一、旨在破解全民性“运动不足”的难题

人类社会进入21世纪以来，由于身体活动不足导致的慢性病及其经济社会负担急剧上升，运动不足被认为是一种全球“流行病”，成为威胁人类健康的重要原因。我国也概莫能外，有最新的数据显示，我国经常锻炼身体的成年人仅有18.7％，超过80％的成年人面临“运动不足”的威胁。

运动不足正威胁着个人健康和国家安危。运动不足与国家人力资源整体质量，乃至国家经济可持续发展有关。运动不足者可导致非传染性疾病和精神疾病。研究表明，过早死亡、心血管疾病、高血压、中风、Ⅱ型糖尿病、代谢综合征、结肠癌和抑郁症等都与运动不足有关。统计显示，全世界每年有530万人因缺乏运动而过早死亡。

中国疾病预防控制中心的专家表示，一个活跃的80岁的老人死亡风险要比一个缺乏身体运动的60岁老人低：运动可以使乳腺癌发病风险降低50％、结肠癌发病风险降低60％、痴呆症发病风险降低40％、心脏病和高血压发病风险降低40％、Ⅱ型糖尿病发病风险降低58％。

运动不足与青少年个体成长及其一生幸福紧密相关。运动不足的青少年，会在身体形态、机能和素质以及健康方面出现不同程度的问题：30％的青少年会发展成肥胖者，成年后成为

肥胖者的概率是运动充足者的2倍；运动不足者整体健康状况变差；运动不足者的学业成绩比运动充足者差，考试分数降低；运动不足者的工资收入比运动充足者低；运动不足者一生中的生病天数平均每年要比运动充足者多一周。

为了治疗各种因运动不足引发的非传染性疾病和精神疾病，世界各国政府为此支付了巨大的医疗经费。调查统计与推算的结果显示：美国2008年遭受的损失是1 470亿美元，大致是美国联邦政府教育年度预算的2倍，预计到2030年，损失将达1 917亿美元；我国2008年遭受的损失是1 400亿元，大致是我国政府当年度医疗保健总预算的1/3，预计到2030年，这项损失将达4 800亿元。

二、旨在破解体育在经济社会发展的边缘化问题

“中国历史就轻视体育，在古代传统文化中没有体育的地位，到了近代，体育是舶来品，可有可无自生自灭。到了当代，体育在行政、学术、经费等排序时总居末位，最近新出炉的2016年《社会蓝皮书》全书几十万字竟只字未提体育，好像体育不存在于中国社会一样。”卢元镇教授语重心长的一席话，道出了我国体育发展的困局所在，可谓振聋发聩，催人深省。

从理论视角看，体育是经济和社会建设的有机组成部分，是“健康中国”建设的重要元素。体育的功能价值和作用主要彰显在三个方面：第一，体育是实现人的全面发展的重要途径，具有“育体养人”的综合功效；第二，体育对经济社会发展积极推动的作用显著，具有“朝阳、绿色产业支撑”的支柱作用；第三，体育自身具有独特的文化价值，具有经济可持续发展的原动力作用和社会文明进步精神力的灵魂作用。

但是，众所周知，我国体育服务经济社会建设的能力长期不足，画地为牢，为国人诟病。尽管体育是关系到每一位国人的事情，却由于社会性被削弱，并没有嵌入国家的政治、经济、文化、社会和生态体系。因此，我们国家的发展战略讲“五位一体”(经济建设、政治建设、文化建设、社会建设、生态文明建设)，但是，体育在“五位一体”中几乎都没有明确的地位。就拿全面建成小康社会的十大指标而言，没有一项指标直接与体育

有关。

更为窘困的是，体育产业支撑国民经济的能力长期不足。我国体育产业的发展比较滞后，既没有融入体育事业当中，也没有融入国民经济之中，而且远远滞后于经济发展，导致体育的十一类产业的发展滞后，并且面临着很多困难，这样就造成了体育产业在发展中的困顿。目前体育面临的主要困难：第一，体育人口数量和比例有限，消费人群不足；第二，体育场地数量不足，政府投入不足；第三，体育从业人口数量及其比例不足，GDP 占比不高；第四，体育赛事服务体系不健全，难以实现盈利；第五，职业体育和社会联系不紧密，运营体系脆弱；第六，健身和培训规模有限，体育版权开发不力。经核算，2015 年，国家体育产业总产出(总规模)为 1.7 万亿元，增加值为 5 494 亿元，占同期国内生产总值比重的 0.8%。这和欧美发达国家体育产业占比达到 2%以上的数据相比，体育产业对经济贡献偏低，还处于在起步阶段，要成为国民经济支柱性产业，体育产业的任务任重而道远。

从这个意义上讲，我国体育的社会功能及其延伸功效还需要得到更加充分的体现和彰显。现阶段，国民对体育的认识不足，认知偏颇，低估体育的作用。这导致体育在与社会建设的融合发展中出现了偏差，在服务国家战略和国民多元化的体育需求中的能力不足，从而导致困局的生成，并在长期的病态中被边缘化。

三、旨在破解体育自身发展不平衡、不充分的难题

随着全面建成小康社会的全面推进，随着国人认知健康水平和切身感受健康能力的提高，体育事业的发展不平衡、不充分已经是人尽皆知的不争事实。体育事业没有很好地融入社会建设，或者说没有有机融入社会建设，仅仅是体育部门关起门来办体育，并没有利用全社会的力量，这就造成了没有足够的资源和力量办体育的局面。在学校体育、群众体育、竞技体育、体育产业、体育文化之间，能够有所选择或放弃，便形成了长期重竞技体育，轻群众体育、学校体育和体育文化，忽视体育产业的不良格局。学校体育是全社会体育中最薄弱的一个环节，

体育教育在学校教育中得不到重视，投入低，师资不足，场地设施不足，教学服务与创新能力不足，体育成为学校中的薄弱环节。另一个薄弱环节是体育文化，由于我们国家的体育还没有进入生活方式倡导的阶段，体育文化工作机制不完善，公共体育服务体系一直没能建立起来，体育运动项目的文化建设几乎是空白的，仅有少数体育或奥林匹克博物馆，也很难吸引到足够数量的群体去付费参观。文化缺失的后果之一就是行为上的急功近利。最新的国民体质监测结果表明，近年来我国大学生体质明显下降，说明课业负担减轻后学生并没有选择用更多的时间去参与体育锻炼。这就是观念在作祟，因此便造成了体育文化的薄弱。体育产业更是如此，体育部门干脆疏离市场，忽视市场的力量和作用，只是近年来在国家政策的导引下才有所作为，尤其自2014年国务院46号文件发布以来，越来越多的企业开始进军体育产业，开始发挥市场的作用。而资金的不断流入，则促进了产业的欣欣向荣，进而形成了绿色、朝阳之态势。

第二节　建构运动健康型社会的意义

我国国民日益增长的体育普惠化、多元化、个性化需求和体育资源、个性化产品供给、高端服务供给等严重不足，是目前体育发展中存在的主要矛盾。国民体质健康的弱化，公共体育服务的滞后，地区之间、城乡之间体育发展的严重不平衡，体育产业规模小、结构失调，体育文化建设面临重塑等突出的矛盾或问题等，无不对体育自我实现提出战略性转型的迫切要求。

在新的历史时期，体育支撑社会发展与服务社会的能力、作用和愿望之间存在着较大的差距，而且，体育体制内的力量已经不能满足全面建成小康社会和“健康中国”建设的要求，必须举全社会之力联合体育体制内的力量，实施一种基于体育的新型的社会的建设，作为抓手和推手，才能倒逼体育全面改革和深度革新，转变发展方式，实现内生性发展，满足国民的不同需求。

建构运动健康型社会的意义主要体现在三个方面。

一、全面提高国民体质和健康水平，倍增体育的获得感

“没有全民健康，就没有全面小康。”无缝对接“健康中国”建设，凭借共建共享“健康中国”建设，一要全面建立政府、社会、个人、市场“四位一体”的体育发展模式；二要建立人人享有基本体育健身服务；三要全面建立完善的全民健身公共服务体系，使得国民的健康生活方式得到普及，基本实现健康公平。实现措施：一是全民健身生活化。全面建立完善的“互联网＋全民健身”公共服务体系；建成县乡村三级公共体育设施网络，人均体育场地面积不低于2.3平方米，在城镇社区实现15分钟健身圈全覆盖；针对不同人群、不同环境、不同身体状况建立完善的运动处方库，推动形成体医结合的疾病管理与健康服务模式；公共体育场地设施和符合开放条件的企事业单位体育场地设施全部向社会开放。二是学校体育全科化。建立起体育与相关学科教学教育活动相结合、课堂教育与课外实践相结合、经常性宣传教育与集中式宣传教育相结合的全科化的健康教育模式。三是体育教学智慧化，体育服务个性化，国家学生体质健康标准达标优秀率在25％以上。

二、提升体育服务和作用于经济社会的贡献度和支撑力

体育的发展离不开社会，社会的发展和文明进步也离不了体育，这才是所谓的成功的体育。由于体育本身的发展已经越来越明显地作用于社会的政治、经济、文化等各个方面，影响到社会成员的生活，而且从总体上看，体育已经不再仅仅关系到个人的身体状况和通过个人的调节来加以解决，而是越来越被纳入社会的发展轨道，受到社会各方面和各种力量的制约和影响。

基于树立“学校体育、群众体育、竞技体育、体育产业、体育文化”“五位一体”的发展理念，通过全面建立政府、社会、个人、市场“四位一体”的体育发展模式，建立运动健康型社会，建立起结构合理、布局均衡、功能完善、门类齐全的体育产业体系，形成各种经济成分竞相参与、共同兴办体育产业的发展格局。尤其要通过优化供给侧改革，打造嵌入经济社会的“大体

育产业”，实施“平台＋内容＋衍生经济”的“大文化”商业模式，使得体育产业总规模超过 8 万亿元，从业人员数超过 1 000 万人。体育产业对国民经济的综合贡献率明显提升，产业增加值在国内生产总值中的比重达 2%以上，助力全面建成小康社会和“健康中国”建设，实现人人享有体育、人人享有体质健康、人人享有体育服务的目标。

三、全面提升体育发展的水平和质量

一是打造嵌入学习生活的“大学校体育”，实施“儿幼童运动娱乐型学习生涯”和“青少年运动健康型学习生涯”战略。二是打造嵌入生活的“大群众体育”，实施“中青年运动休闲型工作生涯”和“老年人休闲养生型养老生涯”战略。三是打造嵌入教育的“大竞技体育”，实施“职业运动员社会保障型可持续运动生涯”战略。四是打造嵌入生活方式的“大体育文化”，实施“嵌入具体运动项目文化建设为本”的“四位一体”战略。尤其是“大体育文化”体系建设，随着社会、经济的发展，体育文化已日益成为支撑体育可持续发展的基本核心。体育文化建设是从历史文化，到器物文化，到制度文化，到核心价值观的建设，“四位一体”层层递进：第一个层面是体育发展的历史文化；第二个层面是器物文化，比如运动服、奖杯这些方面；第三个层面是制度文化；第四个层面是价值观。运动健康型社会的建成，必将极大地提高和转变中国人的思想认识，奠定形成内生性体育的思想基础，建立新体育理念，改变中国人长期以来对体育的偏见和歧视，实现体育强国梦。

第五章　建构运动健康型社会的内容与方法

第一节　研究内容

本课题研究的主要内容包括九个方面：

第一，研究背景：基于中国特色社会主义进入了新时代，这是我国发展的新的历史方位。对此，本课题的背景主要包括全面建成小康社会、“健康中国”建设、人力资源强国建设和建设体育强国四大国家战略层面的大背景。

第二，国内外研究动态：基于课题立足的最基本需要，溯源和梳理包括国内、国外著名专家学者对“运动健康型社会”核心概念的由来、产生、发展、演绎和形成的现状。

第三，研究目的与意义：基于课题研究的逻辑起点，必须探讨本课题研究的基本目的及其基本意义，包括理论意义和现实意义。

第四，研究内容与方法：基于课题研究的基本支持，课题交代了主要采用的文献研究法、逻辑分析法、专家访谈法、系统法和经验总结法等，同时交代了如何对“运动健康型社会”核心概念等进行界定。

第五，作为本课题研究的基础和前提，必须清晰提出建构“运动健康型社会”的理论基础，包括马斯洛需求层次理论、社会发展需要论、新时代中国体育战略思想论、体育融合发展理论。

第六，作为本课题研究的核心支撑和可行性程度，必须准确提炼建构运动健康型社会的实践思想，即基于国家顶层战略所蕴含的体育发展新思想、新理念、新方法。

第七，作为本课题研究的难点，必须基于“五位一体”体育发展思想提出建构运动健康型社会的行动基础与改革路径，主要包括行动基础、改革路径和核心内容。

第八，作为本课题研究的重点，有必要围绕“五位一体”大体育发展理念，展开学校体育、群众体育、竞技体育、体育产业、体育文化等方面的应用探讨，为促进和加快运动健康型社会建设提供参考。

第九，基于新时代的发展进程及其对体育发展的新要求和高要求，本课题就运动健康型社会建设提出有益的展望。

第二节　研究方法

本课题主要采用文献研究法、逻辑分析法、专家访谈法、系统法和经验总结法等。

一、文献研究法

文献研究法也称历史文献法，就是搜集和分析研究各种现存的有关文献资料，从中选取信息，以达到某种调查研究目的的方法。通过中国知网及其相关数据库查阅了600余篇有关的文献信息和专著(教材)近20余部。经过筛选、甄别，从中梳理提炼出源头性文献和最近研究成果文献50多篇，为本研究提供思想基础和参考借鉴。

二、逻辑分析法

逻辑分析法主要是指“语言的转向”之后出现的分析哲学、科学哲学中所使用的分析方法。基于全视角运用逻辑分析的方法，对本课题提出的“建构运动健康型社会”的背景、国内外研究动态、目的意义、理论基础、行动基础等与体育和社会经济建设、全面建成小康社会、“健康中国”建设等的关系进行深入的分析、论述和论证，为运动健康型社会理论体系、实践体系的建立及其运用研究提供完整的科学依据。

三、专家访谈法

专家访谈法又称专家晤谈法，是指通过访员和受访专家学者面对面地交谈来了解受访人的心理和行为的一种心理学的基本研究方法。运用专家访谈法，对我国体育社会学研究领域中的 10 余名著名专家、学者、教授进行访谈，访谈内容包括体育社会学的学科发展及研究。

四、系统法

系统法是一种满足整体、统筹全局、把整体与部分辩证地统一起来的一种科学方法，它将分析和综合有机地结合，并运用数学语言定量地、精确地描述研究对象的运动状态和规律。系统法是以对系统的基本认识为依据，应用系统科学、系统思维、系统理论、系统工程与系统分析等方法，指导人们研究和处理科学技术问题的一种科学方法。从系统观出发，运用系统科学、系统思维、系统理论、系统工程与系统分析，指导构建运动健康型社会的研究，使得体育事业和体育产业全要素协同和整合，实现构建运动健康型社会体系的目标。

五、经验总结法

经验总结法是通过对实践活动中的具体情况，进行归纳与分析使之系统化、理论化，并上升为经验的一种方法。总结推广先进经验是人类历史上长期运用的较为行之有效的领导方法之一。通过确定研究课题与对象、掌握有关参考资料、制订总结计划、搜集具体实事、进行分析与综合、组织论证、总结研究成果等步骤，对"建构运动健康型社会"研究活动中的具体情况，进行归纳与分析，使之上升为行之有效的建构经验。

第六章　建构运动健康型社会的理论基础

第一节　马斯洛需求层次理论

马斯洛需求层次理论由美国心理学家亚伯拉罕·马斯洛于1943年在《人类激励理论》论文中所提出，是基于人本主义科学的比较积极的理论之一。

马斯洛理论把需求分成生理需求(Physiological needs)、安全需求(Safety needs)、爱和归属感(Love and belonging)、尊重(Esteem)和自我实现(Self-actualization)五类，依次由较低层次到较高层次排列。在自我实现需求之后，还有自我超越需求(Self-Transcendence needs)，但通常不作为马斯洛需求层次理论中必要的层次，大多数会将自我超越合并至自我实现需求当中。

马斯洛和其他的行为心理学家都认为，一个国家多数人的需求层次结构，是同这个国家的经济发展水平、科技发展水平、文化和人民受教育的程度直接相关的。在发展中国家，生理需求和安全需求占主导的人数比例较大，而高级需求占主导的人数比例较小；在发达国家，则刚好相反。

研究认为：马斯洛提出人的需求理论，避开需求的层次之分的争议，在某种程度上来说是符合人类需求发展的一般规律的。正因如此，马斯洛需求层次理论同样适用于人的体育需求。我们认为：体育作为一种特殊而复杂的社会现象，既有满足人自然属性需求的一面，也有通过对生物人的塑造达成社会属性的另一面。体育的自然属性具有最自然、最基本的特征，通过它，人们自然而然就具有了生理(健康)需求、安全(预防疾病)需求和社交需求；作为延伸、应用和发展的体育社会属性，人更有通过体育及其活动得到尊重需求和自我实现的需求。

第二节　社会发展需求论

体育是历史文化发展的产物，与人的需求和社会生产的需求密切相关。在不同的历史时期，人和社会发展的需求并不是特定的，不同阶段和不同类型的体育所承担的功能是有所区别的，对其地位和价值的认识显然也会发生变化。

当今世界正处于大发展、大变革、大调整时期。进入 21 世纪的中国，特别是走进新时代特色社会主义的中国，社会呈现出一系列新的阶段性特征，十九大报告明确指出新时代我国社会主要矛盾是人民日益增长的美好生活需要和不平衡、不充分的发展之间的矛盾，需要问诊、把脉、根治。

对中国体育而言，特别是进入 21 世纪之后，随着中国社会转型进程的加快，体育在社会进步和人的全面发展中越来越彰显其独特的价值和意义，中国体育同样面临发展战略、发展路径的重新选择问题，需要积极融入和谐社会和“健康中国”建设之中，着力于解决体育事业和体育产业协调发展问题，解决金牌不断增多和青少年体质持续下降的问题，解决大众日益增长的体育需求与公共体育服务供给不足的问题，等等。这些问题的解决必须根植于现代社会发展的时代需求和体育学科自身发展的现实需求，通过科学研究解决体育学自身建设中的问题，促进理论创新和实践的可持续发展。

随着体育的“实体”变化和“观念”变迁，其价值转化的基本语境和客观条件也随之改变。在新的历史时期，重新认识“体育”的本质、内涵和价值，并以此重新对体育工作进行定位，是探寻体育价值转化的认识论根据。

第三节　新时代中国体育战略思想论

党的十八大以来，基于国家领导人的系列论述，到党的十九大提出了“广泛开展全民健身活动，加快推进体育强国建设……”的新要求，已经形成了一整套关于体育工作的战略思想：体育强国梦与中华民族伟大复兴的“中国梦”息息相关的战略定位；建设体育强国的战略目标；着眼提高人民群众健康水平、生活品质，实现人民群众对美好生活追求的战略方针；竞技体育和群众体育全面发展，全民健身与全民健康深度融合的战略思路；深化改革的战略举措。

国家领导人强调，“体育是社会发展和人类进步的重要标志，是综合国力和社会文明程度提升的重要体现。体育在提高人民身体素质和健康水平、促进人的全面发展，丰富人民精神文化生活、推动经济社会发展，激励全国各族人民弘扬追求卓越、突破自我的精神方面，都有着不可替代的重要作用”。这一重要论述，是对新的历史时期我国体育进一步改革发展的准确定位，对于我们更加充分地认识体育工作的价值和意义具有重要指导意义。

国家领导人指出，“在一些人民群众十分关注的项目上，同国际先进水平相比，我们还有不小差距”，强调“各级党委和政府要高度重视体育工作，把体育工作放在重要位置，切实抓紧抓好”。党的十八届三中全会开启了全面深化改革的新征程。破解发展中的难题、化解各方面的风险挑战、推动体育事业持续健康发展，除了深化改革别无他途。

国家领导人强调，“体育强则中国强，体育强则民族强”。加快建设体育强国，就要把体育事业融入实现“两个一百年”奋斗目标、实现中华民族伟大复兴大格局中去谋划、去实践，深化体育改革，更新体育理念，推动学校体育、群众体育、竞技体育、体育产业“四位一体”协调发展；牢固树立“人民体育观”，把人民作为发展体育事业的主体，把满足人民健身需求、促进人的全面发展作为体育工作的出发点和落脚点，就要把竞技体育搞得更好、更快、更高、更强，提高为国争光的能力，让体育为社会提供强大的正能量。

体育工作的战略思想，指明了中国特色社会主义体育发展之路：一是从全面建成小康社会、实现中华民族伟大复兴的战略高度重视发展体育事业，把握准确历史方位；二是在“五位一体”总体布局和“四个全面”战略布局中定位体育事业的发展坐标，推动我国体育由体育大国向体育强国迈进；三是深刻认识体育在提高人民身体素质和健康水平、促进人的全面发展，丰富人民精神文化生活、推动经济社会发展，激励全国各族人民弘扬追求卓越、突破自我的精神方面有不可替代的重要作用。

新时代体育战略思想为体育事业的改革发展提供了根本遵循。没有全民健康，就没有全面小康，坚持以人民为中心的发展理念，牢固树立“人民体育观”，牢牢把握“大健康”这一民生事业发展的重大理论创新，加快推进体育改革创新步伐，为我国体育事业发展注入新的活力和动力，推动全民健身和全民健康深度融合，发挥好体育在健康促进中的独特优势，让人民群众的生命质量更好、健康寿命更长，为建设“健康中国”做出积极和独特的贡献。

第四节 体育融合发展理论

所谓融合是指熔成或如熔化那样融成一体或繁殖过程中的相互结合。

融合发展是党的十八大以来对中国特色社会主义建设深入推进一体化改革与发展的最新思想成果。党的十八大以来，相继提出了“五位一体”总体布局(经济建设、政治建设、文化建设、社会建设、生态文明建设)和“五大发展理念”(创新、协调、绿色、开放、共享)。“五位一体”融合发展新思想，是党站在新的历史起点上，深刻总结国内外发展经验特别是改革开放以来我国发展实践经验基础上提出来的，是对马克思主义关于发展思想的丰富和发展，是党对发展问题的最新认识，是推进我国现代化建设的新理念。“五大发展理念”是在坚持“五位一体”融合发展的基础上，全面推进和落实创新、协调、绿色、开放和共享五大发展理念，这是当代中国共产党人的大思维、大战略、大格局、大智慧，从而为我国经济社会的平衡、包容和可持续发展提供坚实的支撑；是管全局、管根本、管长远的导向，具有战略性、纲领性、引领性。“五位一体”总体布局和“五大发展理念”都一致指向融合发展法则，成为着眼于全面建成小康社会、实现社会主义现代化和中华民族伟大复兴的根本遵循。

体育融合发展理论是指“学校体育、群众体育、竞技体育、体育产业统筹规划、协调发展、各具特色”的体育发展思路，强调四大工作是相互联系、共同促进、融合发展的，四大工作你中有我，我中有你，而不是单枪匹马、单打独斗。如果把整个体育系统比作金字塔的话，那么学校体育是塔基，群众体育是塔腰，竞技体育是塔尖，体育产业是推动力。

体育已经融入国民经济和社会发展的全局之中，体育与教育、体育与文化、体育与健康、体育与旅游、体育与农业、体育与传媒、体育与金融，等等，都有着密切的联系，体育与相关部门、相关领域、相关行业的融合发展是大势所趋。我们要积极争取党委、政府的重视和关心、支持和协调，更要主动走出家门，谋求配合。功成不必在我，有一个“＋”做一个“＋”，有两个“＋”做两个“＋”，摸索经验，逐步推开，积少成多，积沙成堆，逐步形成全方位的融合发展。

第七章　建构运动健康型社会的实践思想

第一节　问题的提出

体育是人类社会共有的财富，是地球村人相互沟联和融合发展的共同舞台和有益载体，是社会发展和人类文明进行的重要标志。因此，体育的世界性响应成为人类社会的精神寄托和普世载体，越来越得到我国民众的认同并乐于参与其中，其突出的“强族强种”作用和巨大的综合价值在经济社会发展的转型升级中变得越发重要而不可或缺。

进入 21 世纪的第二个十年，我国迈进了新时代。在全面建成小康社会、全民健身、推进“健康中国”建设和“一带一路”倡议等国家顶层战略的引领和推动下，我国的体育事业发展面临翻开新篇章的重大机遇和挑战，具有颠覆性、全新理念和全域覆盖的新体育正在中国社会中孕育和形成，这是中国方案、中国智慧和中国实践在体育领域的上层建构和深度实践。有理由相信，新体育在惠及全体中国人的同时，也将为世界体育的发展提供中国思想和中国模式，必将对世界体育产生广泛和深远的影响。鉴于此，本文试图基于深度梳理和全面整合集成全面建成小康社会、推进“健康中国”建设等国家顶层战略所蕴含的体育新思想、新理念和新战略的基础上，提出建构具有中国特色、世界视野的新型社会，为体育深度融合经济社会发展、全方位服务人类健康事业奠定基石。

第二节　国家顶层战略所蕴含的体育发展新思想、新理念

中国的体育改革自1986年4月15日算起，已经步入了第三轮攻坚期和深水区的改革，机遇和挑战并存。尽管前两轮的体育改革取得了了不起的成就，使我国的竞技体育水平在短短几十年间达到世界的巅峰，为今天建设体育大国和体育强国奠定了坚实的基础，但是基于新时代我国社会主要矛盾已经转化为人民日益增长的美好生活需要和不平衡、不充分的发展之间的矛盾，我们必须承认，竞技体育毕竟不是体育的全部，我国的体育事业还存在致命的“四个不相适应”，即体育领导体制和管理模式与激烈的国际竞争不相适应、体育公共服务能力的水平与国人日益增长的体育生活需求不相适应、体育改革的内生动力与国家全面深化改革的需求不相适应、体育人才结构和总量与体育强国建设的要求不相适应。正是在这“四种不相适应”的困局下，国家和政府恰逢其时地提出了“中国梦”，提出了“建设体育大国和体育强国是中国人民实现‘两个一百年’奋斗目标的重要组成部分”，党的十九大更是吹响了“广泛开展全民健身活动，加快推进体育强国建设……”的号角，为我国体育事业的大发展和大繁荣指明了方向，提供了新思想、新理念和新战略，提供了根本遵循。

一、全面建成小康社会视角下的体育理念

党的十八大报告根据我国经济社会发展实际和新的阶段性特征，在党的十六大、十七大确立的全面建成小康社会目标的基础上，提出了到2020年全面建成小康社会的战略构想。全面建成小康社会具体包含了五个方面需要达成的具体目标，分别是经济建设、政治建设、文化建设、社会建设和生态文明建设，并据此提出了对应的五项建设指标。经研究发现，五项建设指标都与体育有关或间接有关。关于经济建设，建设指标提出要实现人均国内生产总值到2020年比2000年翻两番的目标，离

不开体育产业2%总产值乃至体育事业的努力和贡献；关于政治建设，建设指标提出为大众提供基本的体育公共服务乃是政府的基本职能，是理所当然的；关于文化建设，建设指标提出特别是公共文化服务体系的全覆盖乃至良好思想道德风尚和社会主义核心价值观的弘扬，离不开体育文化和体育精神的融合和助力；关于社会建设，建设指标提出体育作为社会实践活动，作为社会事业的一方面，理所当然在人人享有体育、提高国民身心健康、促进人的全面发展方面义不容辞；关于生态文明建设，建设指标提出体育在低碳、绿色、循环经济方面大有可为，可挖潜的空间很大，体育产业作为第三服务业的朝阳、绿色产业能够在转变我国经济社会发展方式、调整结构方面作出巨大的贡献，甚至能够作为一种新经济引擎起到引领作用。

正是在统筹推进“五位一体”总体布局、协调推进“四个全面”战略布局和树立“四种自信”的构架下，国家领导人提出了“大力发展体育运动，通过全民健身实现全民健康，进而实现全面小康‘体育梦’的构想”。可见，基于国家的顶层设计和思想，“体育梦”是“中国梦”的重要组成部分，也是全面建成小康社会的重要内容。因此，“体育梦”的实现，非一般捷径可通，必须集运用创新、协调、绿色、开放、共享五大新发展理念，建构体系，创新路径，引领和推动体育的大发展和大繁荣，全面助力建成小康社会。

发展理念是发展行动的先导，新体育要以新的理念引领新的发展，科学地把五大发展理念贯穿体育发展的全过程：一是坚持创新发展，首先要创新体育的体制和机制建设，推进体育治理的现代化，解决体育发展的关键难题。二是坚持协调发展，学校体育、群众体育和竞技体育“三位一体”，奠定高水平体育的基础；体育文化、体育产业、职业体育有机协调发展，培育高水平职业体育俱乐部和体育产业园区、文化基地，着力供给侧发展高水平体育服务业和高端体育制造业，推动体育与文化创意、休闲旅游、卫生健康产业、养生养心等融合发展。三是坚持绿色发展，创建体育绿色供应链体系。利用绿色可持续发展的理念、技术来设计和优化生产与消费供应链上的各个环节，包括采购、生产、包装、流通、消费和循环利用等，以此创建绿色供应链体系。建设绿色产业，生产出符合国际标准的绿色产品，打造绿色品牌，既可增强产品优势，又可减少绿色贸易壁垒。四是坚持开放发展，鼓励体育产业园区、基地积极引进国内外知名体育企业或体育组织总部及分支机构入驻。推动体育企业“走出去”，支持地方体育企业参加境内外知名专业展会，推动体育企业开展国际交流与合作。五是坚持共享发展，加快发展足球、篮球、排球、网球、乒乓球、羽毛球、帆船、马拉松等普及性广、关注度高、市场空间大的运动项目，建设以具有资源优势和运动设施为依托的地方赛事组织和休闲示范区，以绿道和养生休闲基地为依托的体育旅游和休闲功能区。

在全面建成小康社会的战略构架下，我国的体育事业是全面建成小康社会宏伟目标的重要内容，也是实现中华民族伟大复兴“中国梦”的重要前提。因为，享受体育是权利，不是特权，是实现“中国梦”的保障。需要科学地把“五大发展理念”贯穿体育发展的全过程，并转化为体育“五位一体”融合发展的“大体育”理念，引领和推动体育的大发展和大繁荣。

二、全民健身上升为国家战略视角下的体育思想

2014 年 10 月 20 日，国务院下发〔2014〕46 号文件《关于加快发展体育产业促进体育消费的若干意见》(以下简称《意见》)。《意见》将全民健身上升为国家战略，把增强人民体质、提高健康水平作为根本目标，这标志着体育产业的发展将成为推动体育发展方向转变的一个新的切入口，从体育大国走向体育强国，从“金牌体育”向“全民体育”的转变将是不可阻挡的必然趋势。

全民健身关系着人民群众的身体健康和生活幸福，是综合国力和社会文明进步的重要标志，所以国家领导人提出了“把全民健身计划做成全民幸福计划”的要求，事实也证明，全民健身对“强族强种”具有不可替代的作用，理应获得最高层面政策举措的对待。

近几十年来，随着“举国体制”优势的彰显，我国在竞技体育上取得了辉煌的成绩，以北京奥运会为里程碑和转折点，在各种金牌的映衬下，成了世界各国日益羡慕的名副其实的体育竞技强国。与之相反的是，近年来，我国国民体质普遍呈现下

降的趋势，而且难以遏制，对国家的发展和顶层设计造成了很大的困扰。根据国家公布的2014年调查结果显示，我国国民体质状况自2012年后保持了相对不变，但体质综合评价的合格率下降，显示国民体质整体上已呈下降态势。数据显示，我国青少年体质连续30年下降，与日、韩等国家相比，我国青少年超重率、近视率大幅上升，运动能力却大幅下降。从现实来看，实施全民健身，加强体育运动与锻炼紧迫而重要。

正因为如此，全民健身在政策层面得到了高度的重视，我国首部《中华人民共和国体育法》(以下简称《体育法》)于1995年获得通过的同年，国务院颁布了《全民健身计划纲要》，此后，更是相继出台了一系列体育法规和规章。随着北京奥运会的成功举办，国务院批准从2009年起，将每年8月8日设置为“全民健身日”。然而一个无比尴尬的现实是，群众体育和全民健身由于投入少，面临着极大的困难与挑战，甚至连最基本的场地问题也积重难返，甚至出现了像广场舞那样的“场地之争”和“是非之论”，也出现了青少年学生假期是否因无处锻炼只好沉迷网吧的争议。从表面上看，这是一个公共道德的问题；从根本上看，这是体育产业发展滞后，无法满足公众追求美好生活的消费需要的问题。在这种情况下，加快体育产业发展，促进体育消费，导向供给侧结构性改革，无疑是一种重大的战略调整和战略布局。

目前，国内普遍存在公共体育设施严重不足的状况，对全民健身活动的开展形成了极大的限制，尤其像篮球、足球、乒乓球、网球这样需要专门场地的运动项目更无法开展，群众体育的落后薄弱成为制约我国体育公共服务型政府构建及体育强国建设的短板。而投入不足是主要原因。2012年，我国群众体育经费支出为33.553 76亿元，人均不足2.5元；2017年，河源市体育局财政安排群众体育经费15万元，按照城区46万人均计算，每个人的投入还不到四毛钱。纵观全国各地，尤其是经济社会落后地区，在很多县城连基本的体育场都没有，社区和公共场所的体育设施几乎为空白。若连硬件都无法获得最基本的保障，更别谈更具有针对性和人性化的体育服务了。

对于世界上最大的发展中国家中国来说，要面子更要里子，要金牌更要强身健体，体育基础的薄弱和人才的匮乏充分说明，由体育大国向体育强国转变，离不开全民健身这一基础性工作。只有像国球乒乓球一样具有了强大的群众基础，才会有源源不断的力量补充。将全民健身上升为国家战略，既是以人为本的现实需求，也是实现真正的体育强国的必然选择，更是发展体育产业的当务之急，体现了重大的思路调整和执政理念转变，具有极为重要的现实意义。

全民健身上升为国家战略，“落地”的关键在简政放权。所谓的简政放权，就是要体育部门放权，把权力交给市场。一是全民健身需转变观念。全民健身不仅需要相关配套的法律法规，还需要转变观念，将全民健身纳入政府工作的考核目标，作为一项考评内容。二是赛事减少审批让全民参与。随着国内体育产业的发展，企业、个人举办体育赛事的热情高涨，要简政放权、取消商业性和群众性体育赛事活动审批、推进职业体育改革等。三是社会力量参与场馆建设。鼓励社会力量建设小型化、多样化的活动场馆和健身设施，政府以购买服务等方式予以支持。最大限度地为企业松绑，让各种体育资源火起来，适应群众多样化、个性化的健身需求。可见，全民健身成为国家战略急需解决的问题。没有场地或者场地问题解决不好，全民健身怎么搞?《意见》只会成为“纸老虎”，“中国大妈”只能选择集体在广场上跳舞。就目前困境，全民健身更需要“举国体制”，从而实现全民性、健身性的要求。

全民健身上升为国家战略视角下的体育思想，首先是基于“把全民健身计划做成全民幸福计划”的要求，基于“少年强，中国强；体育强，中国强”的新理念，以全地域覆盖、全周期服务、全社会参与、全人群共享的战略思想为行动指导，实现全民性、健身性和普惠性终极目标。

三、推进“健康中国”建设视角下的体育理念

《“健康中国 2030”规划纲要》是今后 15 年推进“健康中国”建设的行动纲领，由中共中央、国务院于 2016 年 10 月 25 日印发并实施。《“健康中国 2030”规划纲要》的编制和实施背景，是基于中华人民共和国成立以来特别是改革开放以来，我国健康

领域改革发展成就显著，人民健康水平不断提高。同时，我国也面临着工业化、城镇化、人口老龄化以及疾病、生态环境、生活方式不断变化等带来的新挑战，需要统筹解决关系人民健康的重大和长远问题等。

“‘健康中国’的内涵，涵盖全体人民健康身体、健康环境、健康经济、健康社会在内的四位一体‘大健康’概念”。从政府施政角度来说，应着力构建政府主导、部门协同、社会参与的大群体工作格局，让“体教结合”“体医结合”等切实落到实处。推进“健康中国”建设，要做到“四要”：一是“要坚持预防为主，推行健康文明的生活方式，营造绿色安全的健康环境，减少疾病发生”。二是“要调整优化健康服务体系，强化早诊断、早治疗、早康复，坚持保基本、强基层、建机制，更好满足人民群众健康需求”。三是“要坚持共建共享、全民健康，坚持政府主导，动员全社会参与，突出解决好妇女儿童、老年人、残疾人、流动人口、低收入人群等重点人群的健康问题”。四是“要强化组织实施，加大政府投入，深化体制机制改革，加快健康人力资源建设，推动健康科技创新，建设健康信息化服务体系，加强健康法治建设，扩大健康国际交流合作”。

对于体育来说，主要着眼于加强健康教育、提高全民身体素质和积极发展健身休闲运动产业等三大领域八个方面，做到“八要”：一要提高全民健康素养。“建立健康知识和技能核心信息发布制度，健全覆盖全国的健康素养和生活方式监测体系。”二要加大学校健康教育力度。把健康教育作为所有教育阶段素质教育的重要内容。“以中小学为重点，建立学校健康教育推进机制。构建相关学科教学与教育活动相结合、课堂教育与课外实践相结合、经常性宣传教育与集中式宣传教育相结合的健康教育模式。”三要完善全民健身公共服务体系。统筹建设全民健身公共设施，推行公共体育设施免费或低收费开放，加强全民健身组织网络建设，扶持和引导基层社会组织发展。四要广泛开展全民健身运动。“实施国家体育锻炼标准，丰富和完善全民健身体系，扶持推广民族、民俗、民间传统运动项目，推动全民健身生活化。”五要加强体医融合和非医疗健康干预。“针对不同人群、不同环境、不同身体状况建立完善的运动处方库，推动形成体医结合的疾病管理与健康服务模式。开展国民体质测试，完善体质健康监测体系，开发应用国民体质健康监测大数据，开展运动风险评估。”六要促进重点人群进行体育活动。“制订实施青少年、妇女、老年人、职业群体及残疾人等特殊群体的体质健康干预计划。加强科学指导，促进妇女、老年人和职业群体积极参与全民健身。实行工间健身制度，鼓励和支持新建工作场所建设适当的健身活动场地。”七要“进一步优化市场环境，培育多元主体，引导社会力量参与健身休闲设施建设运营”。八要加强健康人才培养培训。“加强社会体育指导员队伍建设，到2030年，实现每千人拥有社会体育指导员2.3名。”

可见，推进“健康中国”建设视角下的体育理念：一是要以国民为中心，推动全民健身与全民健康深度融合，全周期、全人群保障人的身体健康；二是要树立大体育理念，实施体系化大建设，实现全领域的覆盖，全方位、全周期发挥体育的健康服务功能；三是要以创新引领健身休闲产业发展，促进体育与健康生活方式融合，追求体育的高水平和高质量发展。

四、“一带一路”国家顶层战略下的体育视野

“一带一路”(the Belt and Road)是“丝绸之路经济带”和“21世纪海上丝绸之路”的简称。2013年9月和10月，国家领导人在出访中亚和东南亚国家期间，先后提出共建“丝绸之路经济带”和“21世纪海上丝绸之路”的重大倡议，这是“一带一路”倡议的源起。

“一带一路”倡议是促进人类社会共同发展、实现共同繁荣的国家顶层战略，是新时期我国基于共商、共享、共建原则撬动地球村并构筑人类命运共同体的伟大战略，充分反映了中国谋求世界大国地位的政治雄心，以及重塑世界经济格局的长远规划，具有全面性和长期性的特点。2017年5月14日，国家领导人对推动“一带一路”建设提出要建“五条路”的意见：要将“一带一路”建成和平之路、繁荣之路、开放之路、创新之路、文明之路，并要求在文化、体育、卫生领域，要创新合作模式，推动务实项目。可见，“一带一路”倡议的成功实施和可持续实现离不开体育，“一带一路”与体育二者是整体与部分的关系，

“一带一路”倡议是一个整体，体育是“一带一路”倡议民心相通中的一个重要组成部分，二者相互依存，同时也相互促进。具体表现在以下两个方面：一方面，体育是“一带一路”倡议民心相通的突破口和切入点；另一方面，“一带一路”倡议的贯彻实施急需体育牵线搭桥。因此，离不开体育的软实力相助，体育将成为彰显国际竞争力、展示中国形象、传播中国主张的全能型载体和舞台，这就要求我国的体育新建构要有世界的视野和雄心。

我国体育建构世界的视野和雄心，要以“塑造互联网＋体育时代具备全球化视野、互联网思维与创新精神的体育”为使命，第一，在设计方面要“推动专业赛事发展，打造一批有吸引力的国际性、区域性品牌赛事。加强与国际体育组织等专业机构的交流合作，积极引进国际精品赛事”。第二，要积极行动起来，“积极开展体育交流活动，支持沿线国家申办重大国际体育赛事”；第三，要创新体育形式，“要打造一批国际性、区域性品牌赛事。有条件的地方可利用自然人文特色资源，举办汽车拉力赛、越野赛等体育竞赛活动”。具体到实施策略：第一，紧扣“一带一路”倡议，突出“一带一路”的宗旨和思想。以体育赛事为媒介，全方位推进文化先行策略，充分发挥体育赛事作为人文交流和民心相通的桥梁和纽带的作用。第二，加大开发力度，充分挖掘地域特色和人文情怀的体育传统赛事。打造具有自主知识产权和鲜明的地方地域特色的体育赛事和长效机制，形成民心相通的人文情怀，增加赛事吸引力和关注度，同时加强对知识产权的保护和开发，学会运用法律武器保驾护航。第三，着眼长远，走进“一带一路”沿线国家办赛事，体现开放和包容精神，这是今后体育发展的一个大方向和大趋势。理应将眼光放长远，加强“一带一路”沿线国家和地区的体育赛事和体育文化交流，鼓励和支持沿线国家、地区申办和举办赛事。第四，“一带一路”体育发展，无论走出去，还是引进来，一定要嵌入我国传统的优秀体育文化。从中国体育文化的价值取向来看，中国传统社会的家庭本位和家国一体制，形成了中国体育文化群体本位谦逊、和合的价值观。这种群体本位的价值观，主张人们在体育活动中不以个人胜败论英雄，尚贵由中，和谐相处，事必恭谦，即使是在体育活动中获胜也必须说是对方承让，这种价值观可防止个人主义的恶性膨胀，有助于和谐人际关系，维护集体、社会的团结，最终凝聚为民族的向心力。

第三节　结论与讨论

全面建成小康社会为体育未来的建构提供了新思想和新理念，需要科学地把五大发展理念贯穿体育发展的全过程，转化为体育“五位一体”融合发展的“大体育”理念，引领和推动体育的大发展和大繁荣；全民健身上升为国家战略视角下的体育建构，要以全地域覆盖、全周期服务、全社会参与、全人群共享的协同战略思想为行动指导，实现全民性、健身性和普惠性协同的终极目标；“健康中国”建设为体育未来的建构提供了顶层设计和实施战略部署，指明了体育的努力方向和前行道路；“健康中国”建设强调了要以国民为中心的理念，推动全民健身与全民健康深度融合，实现全领域、全方位、全周期发挥体育的健康服务功能，促进体育与健康生活方式融合，追求体育的高水平和高质量发展；“一带一路”国家战略为体育未来的建构提供了“中纲西目”的文化自信和世界视野。

总之，国家顶层战略视角下我国体育未来的建构，树立“大体育”“融合发展”“协同发展”“高质量发展”的理念，建构具有中国特色、世界视野的运动健康型社会，实现体育工作全地域覆盖、全周期服务、全社会参与、全球化合作、全人群共享。

第八章　建构运动健康型社会的行动基础、路径与内容

第一节　建构运动健康型社会的行动基础

一、“十二五”以来我国体育发展取得的成就

党中央、国务院高度重视体育工作，特别是党的十八大以来，国家和政府的重大决策部署很好地激发了体育事业的发展活力，中央全面深化改革领导小组审议通过了《中国足球改革发展总体方案》，足球改革发展的体制机制和政策措施实现了重大突破，国务院颁布实施了《全民健身计划（2011—2015 年）》，印发了《关于加快发展体育产业促进体育消费的若干意见》，国家体育总局印发了《体育发展“十三五”规划》，为体育发展提供了重大机遇。体育各领域改革力度持续加大，实施行政审批制度改革，取消群众性和商业性体育竞赛活动审批，出台了《中国足球协会调整改革方案》，中国足球协会与体育总局脱钩，全国性单项体育协会改革试点稳步推进，启动了第一批 14 个全国性体育协会与体育总局脱钩的改革试点工作，全国综合性和单项体育赛事管理制度改革不断深化，改革了全运会计分政策和比赛成绩的公布方式。全民健身上升为国家战略，公共体育服务体系建设速度加快，全民健身意识极大增强，组织网络日趋完善，活动形式呈多样化，包括青少年在内的群众体育蓬勃发展。

截至 2014 年年底，全国经常参加体育锻炼的人数比例达到 33.9%，城乡居民达到《国民体质测定标准》合格以上的人数比例达到 89.6%，人均体育场地面积达到 1.5 平方米。竞技体育综合实力和国际竞争力进一步增强，优势项目继续保持并巩固，潜在优势项目有所提升，田径、游泳等基础大项进步明显，冬

季项目稳步发展。“十二五”期间我国运动员共获得世界冠军596个，创、超世界纪录57次。中国体育代表团在伦敦奥运会取得境外参赛最好成绩，在索契冬奥会实现冬奥会基础大项金牌零的突破。

自2014年10月全面贯彻落实国务院《关于加快发展体育产业促进体育消费的若干意见》以来，我国体育产业发展取得较大成绩：产业规模逐步扩大，产业体系日益健全，产业结构明显优化，产业政策取得重大突破，体育产业各项工作稳步推进。具体表现在：2014年全国体育产业总规模超过1.35万亿元，实现增加值4 041亿元，占当年国内生产总值的0.64%，2011—2014年体育产业增加值年均增长率为12.74%，成为国民经济新兴产业的巨大潜力；初步形成了以竞赛表演和健身休闲为驱动、以体育用品为支撑的良好发展态势；体育用品业稳定增长，体育服务业的比重逐步提升；2014年国务院《关于加快发展体育产业促进体育消费的指导意见》明确了体育产业的地位，并指明了发展方向；大型场馆运营管理改革创新取得突破，体育产业统计工作稳步推进，体育市场监管体系初步建立。“十二五”规划的目标基本实现，我国体育产业总体实力、产业覆盖面、社会参与度、市场认可度又上了一个大台阶。

对于国人最为关注的青少年体质健康持续二十多年下滑的焦点问题，在国家战略的框架下，通过实施青少年体育“十二五”规划，初步建成青少年体育公共服务体系的框架，青少年体育公共服务范围扩展，服务水平和保障能力提高，青少年体育活动更加活跃，公共体育场馆设施普遍向青少年开放，学校体育场馆开放取得积极进展，青少年体育组织规模扩大、作用明显，国家级青少年体育俱乐部数量超过5 000个，青少年户外体育活动营地成为开展青少年夏(冬)令营活动的重要平台，青少年校外体育活动中心试点工作取得阶段性成果。竞技体育后备人才培养体系完善，项目布局和结构调整成效明显，县级青少年训练呈恢复态势，在训规模平稳增长，各级体校办学条件改善，创建500所国家级体育传统项目学校，国家高水平体育后备人才基地创建工作为奥运争光和体育事业发展做出了积极贡献，科训结合和科学选材进一步促进了青少年训练科学化。

落实《关于进一步加强运动员文化教育和运动员保障工作的指导意见》取得明显成效，普遍实现“两纳入”，普遍建立运动员文化教育督导制度和联席会议制度，运动员文化教育质量水平提高。实施青少年体育人才队伍建设计划成效显著，各类青少年体育人才规模和质量有较大提高。青少年体育政策体系进一步健全，制度更加完善，政府主导、部门协同、全社会共同参与的青少年体育发展格局加快形成，改革在青少年体育公共服务、体教结合、组织建设和训练竞赛制度等方面不断深化。

二、“十三五”时期我国体育发展存在的矛盾与问题

“十三五”时期，我国体育发展将进入更加严峻的改革攻坚期。体育领域改革创新与体育强国建设的总体目标仍不相适应，体育与经济社会协调发展的机制有待进一步健全，人民群众日益增长的多元化、多层次体育需求与体育有效供给不足的矛盾依然突出。一些长期制约体育事业发展的薄弱环节和突出问题依然严峻：体育管理体制的改革尚需深化，体育发展方式急需转变，管办不分、政社不分、事社不分的体制弊端遏制了体育发展的活力，调动社会力量参与体育的政策措施尚不完善。体育社会化水平不高，基层体育社会组织发展滞后，支持培育体育社会组织发展的机制仍需完善，全民健身公共服务体系有待进一步完善。竞技体育结构布局还不够科学合理，一些影响广泛的基础大项和集体球类项目水平较低。职业体育的快速发展迫切需要建立完善与之相适应的体制机制。体育产业总体规模不大与结构不完善并存，体育服务业比例偏低，种类偏少。体育文化在社会主义核心价值体系建设中的作用未能有效发挥，体育的多元价值有待深入挖掘。体育人才队伍建设还不能适应快速发展的形势，高素质复合型的体育管理人才依然缺乏。

党中央和政府把体育作为中华民族伟大复兴的一个标志性事业，“十三五”时期党和国家对体育的重视和支持将更加有力，为体育繁荣发展提供了重要机遇。全面建成小康社会将为体育发展开辟新空间，体育在增强人民体质、服务社会民生、助力经济转型升级中的作用更加突出，经济发展新常态和体育供给侧结构性改革对体育与经济社会的协调发展提出了要求，体育

产业作为新兴产业、绿色产业、朝阳产业，完全有条件和潜力成为未来我国经济发展新的增长点，体育消费对经济发展的贡献将不断增强。建设“健康中国”、全民健身上升为国家战略，将为体育发展提供新机遇，将不断满足广大人民群众对健康更高层次的需求，进一步营造崇尚运动、全民健身的良好氛围，推动体育融入生活，培育健康绿色生活方式，增强人民群众的幸福感和获得感，有效提高全民族健康水平。全面深化改革和依法治国的战略部署将为体育改革增添新动力，事业单位分类改革和体育社会组织改革的整体推进将进一步消除制约各类体育社会组织发展的体制和机制障碍，体育组织化水平和社会化程度将快速提升。信息化、全球化、网络化交织并进，为体育各领域的改革和发展提供了技术新引擎，“中国制造 2025”“互联网＋行动计划”“大众创业，万众创新”为体育发展激发新活力，体育与政治、经济、社会和文化将产生更加积极全面的互动。新型外交战略将为展现体育文化软实力提供广阔舞台，筹办 2022 年北京冬奥会等国际大赛将不断提升中国体育的国际影响力，我国冰雪体育运动和冰雪产业将迎来快速发展的新时期。把握“十三五”时期体育发展机遇，必须更新理念，拓宽视野，坚定不移地深化改革，扎实推进各项工作，在新的更高起点上推动我国体育全面协调可持续发展。

在此基础上，“十三五”期间我国体育产业将坚持改革引领、坚持市场主导、坚持创新驱动、坚持协调发展，务必要实现五大发展目标：产业总量进一步增长，体育产业总规模超过 3 万亿元人民币，从业人员数超过 600 万人，产业增加值在国内生产总值中的比重达到 1％；产业体系进一步完善，体育服务业增加值占比超过 30％；市场主体进一步壮大，涌现一批具有国际竞争力、带动性强的龙头企业和大批富有创新活力的中小企业、社会组织，形成一批特色鲜明的产业集群和知名品牌，建设 50 个国家体育产业示范基地、100 个国家体育产业示范单位、100 个国家体育产业示范项目；产业基础进一步夯实，体育场地设施供给明显增加，人均体育场地面积超过 1.8 平方米，体育消费额占人均居民可支配收入比例超过 2.5％；产业环境进一步优化，体制机制活力进一步增强，体育产业的政策措施进一步完备，标准体系科学完善，监管机制规范高效，市场主体诚信自律。

三、"十三五"时期青少年体育面临的困难与挑战

"十三五"时期是全面建成小康社会的决胜阶段，是我国经济发展进入新常态后的第一个五年，加快发展青少年体育既具有充分条件也面临困难与挑战。一方面，全面小康社会对人的发展提出更高要求，党中央、国务院高度重视青少年体育，党的十八届三中全会做出了强化体育课和课外锻炼的重要部署，"健康中国"和全民健身上升为国家战略，发展体育产业和筹办2022年北京冬季奥会等新的改革发展任务进一步提升了体育的社会价值和功能作用，青少年体育在实施素质教育、促进青少年全面发展和建设体育强国中的基础性地位进一步提升。另一方面，应试教育对青少年体育的影响以及青少年体育区域、城乡发展不协调、不平衡矛盾仍然是面临的长期性挑战。总体来看，青少年体育是整个体育事业需要进一步加强的环节。"十三五"时期青少年体育要取得更大发展，就要按照国家领导人提出的"传承和发扬好青奥会留下的宝贵财富，更加重视青少年体育工作，引导广大青少年继续弘扬奥林匹克精神，积极参与体育健身运动，强健体魄、砥砺意志，凝聚和焕发青春力量，为中华民族伟大复兴作出应有贡献"的讲话精神，准确把握战略机遇期内涵的深刻变化，积极开拓发展新境界，更加奋发有为地把青少年体育全面向前推进。

第二节　建构运动健康型社会的基本路径

如何破解体育发展的困局？建构运动健康型社会的路该怎么走？方向在哪里？笔者提出了如下几点设想：

一、树立"大体育"理念，构筑"体育融合发展生态圈"

1. 以"生态圈"的思想导引体育的战略转型

从生态圈的意义上，首先体育最大的生态圈就是"五位一

体”(经济建设、政治建设、文化建设、社会建设、生态文明建设)，一定要让体育嵌入我们国家“五位一体”的发展格局当中，寻找它的方位，建设大体育社会；其次，体育是体育事业和体育产业协调发展和全要素的社会集合，而不仅仅是体育事业要素中的融合，也不仅仅是体育产业要素中的融合；最后，应当适应时代变化和国民日益增长的体育需求，进一步丰富中国体育的价值观。中国体育不但要为国争光，还要为民谋福、为国增利。基于这样的目标，就要努力做到生态圈中的学校体育、群众体育、竞技体育、体育产业、体育文化等的大融合发展，主动对接和全面嵌入我国全面建成小康社会和“健康中国”建设之中，体育的未来必定可期。

2. 以“绿色发展”“环保意识”构筑体育的可持续发展

体育是绿色发展和环保意识的自然传达，是生态、环境、文化融合互动、协调发展的载体，这是世界的普遍共识。随着工业化与城市化的发展，绿色、生态、健康、可持续等这些关键词将成为新的诉求，体育作为关乎每一个人体质与健康的普遍行为方式和理想形式，将越来越受到关注与重视。国际奥委会近年来格外强调奥运会主办城市留下可持续的遗产，还专门成立了一个可持续发展与遗产的委员会。国际奥委会认为体育能够让人增强环保意识，因为体育人希望在更加优质的环境中参与活动、实现人与自然的和谐相处，很多国家都通过鼓励青少年参与户外锻炼来强化环保意识，而事实上很多研究成果表明，参与户外体育能提升环保意识。

3. 以国际化的大视野拓宽体育社会的生态圈

当代体育已经成为一个国家和地区综合实力特别是文化软实力的重要体现。所以，体育理所当然是国家综合国力竞争的组成部分，也是文化交流与传播的重要载体。体育作为典型的国际通用语言，在国际交往中越来越被广泛运用，而且作用越来越重要，体育作为国家综合国力竞争的一个显性因素，其实是国际交往很好的黏合剂，也是联合国和很多政府高层看重的一个审视国家综合国力的工具。

二、厘清利益层，编织价值网，筑牢“大体育社会”的发展概念

1. 首先要厘清利益层

体育是全社会的体育，体育与社会的融合互动，形成多层次的利益关系，这一特征和趋势在当今社会更加明显。第一，从个人角度来说，体育是一个生命力的问题。经常运动的人和虽然寿命长但不运动的人，其生命活力是不一样的，这就是体育的魅力，也是核心价值所在。第二，从社区来说，体育可以促进社区的团结。我们国家可以说还没有开始，而西方很多国家做得非常经典，尤其是德国。第三，从社会和谐来说，体育是社会最好的安全阀之一，这是社会学者的共识。第四，从全球角度来看，体育促进不同国家、民族、宗教信仰的人达成相互间的了解。

2. 其次要编织价值网

所谓价值网，即我们在寻求不同利益相关者的时候要注意到不同层面上的利益团体。体育不同链条上的主体要善于合作和分享，在价值方面要兼顾不同层面，任何一方想独享利益，都是不现实的。因此，树立“体育社会”的概念，要实现价值的全覆盖：一要政府主导；二要尊重利益相关者；三要鼓励合作，服务合作；四要让全社会的人参与其中；五要形成利益和命运共同体。

3. 编制新战略，建构中国特色的运动健康型社会

体育促进“健康中国”建设需要具体的抓手和实现路径，运动健康型社会是“健康中国”建设的具体化，是高度契合“健康中国”建设的体育社会，是一种高度分工和精细合作融合的社会发展阶段，其链条和枢纽之间的关联非常细腻，高度发达，而且形成了政府、社会、个人、市场“四位一体”稳定的利益大联合体，对实现“健康中国”战略目标具有重要意义，也是实现中国体育强国战略目标的具体化。研究认为，运动健康型社会具有丰富、多元的体育价值观与体育文化，是形成现代社会体育文化的基础，是实现人的全面发展的重要途径。运动健康型社会，是我国社会体育发展的方向。

从抓每一个运动项目文化着手，紧紧围绕项目文化建设，做好博物馆、名人堂、体验馆、项目节、俱乐部、文化节等基础性工作，实现所有运动项目和传统体育项目的全覆盖。

紧紧围绕项目文化提炼形成体育文化的价值观。尤其是结合我国博大精深、源远流长的传统体育与历史文化，学习现代奥运的传承和传播，在文化上做一些价值、精神层面的包装，讲好中国传统体育导引术、五禽戏、太极、气功等的系列故事，把传统体育文化的强身健体与家国情怀一体的精神提升成中华民族代表的一种价值观来传递。

国家要将项目文化建设纳入社会、经济发展的总体规划中，各级政府将体育文化建设作为重要工作，列入工作计划，并在工作机构和人员配备上予以落实。尤其在人才培养方面，有计划、系统地培养体育文化人才，尽快形成体育文化管理、体育文艺创作、体育文化经营、国际体育文化交流等方面的人才队伍。

优化供给侧改革，打造嵌入经济社会的“大体育产业”，实施“平台＋内容＋衍生经济”的“大文化”商业模式。

体育产业的发展已经被纳入经济社会发展的大框架里，逐渐成为国家经济发展的一大支柱。未来体育产业完全可以像美国一样成为中国最大的产业之一。所以，体育产业绝不仅仅是体育部门自身所办的那种产业，还是作为社会生活一部分的体育产业，是全社会的体育产业。这也是国务院出台《关于加快发展体育产业促进体育消费的若干意见》(国发〔2014〕46 号)的初衷。

从生态圈的意义上来说，首先是体育与经济社会的融合发展，其次才是体育系统内体育事业和体育产业大融合的协调发展，发展体育产业的意义还在于其是一个完全的绿色产业，“体育产业不是以牺牲能源环境为代价的，而是无污染的贡献，对社会发展、人民健康有重大意义”。这也意味着，体育促进“健康中国”建设最大的短板在于体育产业规模小、活力弱而难以支撑和服务经济社会发展。

第一，首要实施“大文化”的商业模式：平台＋内容＋衍生经济，将各类资源整合在一起实现大幅度增值。平台、内容和衍生经济是相辅相成的共同体，平台产业需要有优质内容来支撑，内容需要有优质平台来展示，衍生经济可以将平台和产业的利润成倍放大。借此打造低成本、强关联、广辐射、少污染、健康的体育产业，全面建立布局合理、功能完善、门类齐全的体育产业体系，形成全要素、全产业链、高集成的朝阳、绿色体育产业。

第二，针对体育产业环境建设的薄弱环节，实施体系化的优化措施：一是大力吸引社会投资；二是完善健身消费政策；三是完善税费价格政策；四是完善规划布局与土地政策；五是完善人才培养和就业政策；六是完善无形资产开发保护和创新驱动政策；七是优化市场环境。尤其针对体育人口和消费市场的培育，建立“互联网＋体育智能服务”平台。政策上，体育消费采取一卡通制，实施国家补贴，给予健身运动积分和奖励等。

第三，加快供给侧结构性改革，提供多样化、多层次的体育产品和服务，建立体育产业发展新常态。根据国家统计局发布的《国家体育产业统计分类》标准分类，目前我国体育产业有11大门类，其中竞赛表演业、教育培训业、健身娱乐业、体育中介、体育信息与体育传媒等，作为未来增长较快的五大行业，需要重点推进，全面优化市场环境。具体举措：建立“互联网＋体育产业资源”交易平台；建立市场化的体育赛事转播收益分配机制；建立健全的对外宣传运营的机制；建立体育教育培训业市场化体系；建立经纪行业的法则；培育专业化的体育信息与传媒市场等，进一步做大做强体育产业的“蛋糕”。

第三节　建构运动健康型社会的核心内容

基于建构运动健康型社会的路径，配套内容主要体现在七个方面：

一是深化重点领域改革创新，增强体育发展活力。包括加快政府职能转变、创新体育社会组织管理、推进职业体育改革、实施足球改革、创新体育场馆运营等。

二是落实全民健身国家战略，加快推动群众体育发展。包括不断完善基本公共体育服务、加强健身场地设施建设与管理、广泛开展丰富多样的全民健身活动、基本建成覆盖全社会的全民健身组织网络、加大科学健身指导和宣传力度、加快青少年体育发展、保障特殊群体基本体育权利等。

三是落实奥运争光计划，提高竞技体育综合实力。包括转变竞技体育发展方式、优化竞技体育项目结构、做好重大赛事的备战参赛和组织工作、加强竞技体育后备人才培养工作、完善运动员文化教育与保障体系、全面提升反兴奋剂工作水平等。

四是扩大体育产品和服务供给，促进体育消费。包括调整体育产业结构、优化体育产业空间布局、培育体育市场主体、扩大体育产品供给、引导体育消费、做好体育彩票工作等。

五是实施科教兴体，加快人才队伍建设。包括完善体育科技创新体系、繁荣体育哲学社会科学研究、壮大体育人才队伍等。

六是加强体育文化建设，提高体育宣传和对外交往工作水平。包括促进体育文化大发展大繁荣、加强体育宣传与舆论引导工作、进一步扩大对外体育交流与合作、巩固深化对港澳台地区体育交流与合作。

七是推进依法治体，提升体育法治化水平。包括深入推进依法行政、改善体育法规体系建设、切实提高体育行政执法水平、健全体育纠纷多元化解决机制、推进体育法治宣传教育。

第九章　运动健康型社会的应用研究

第一节　体育异化的问题、机理及其治理对策的研究

一、引言

就当前和未来可见的一个时期，推进“健康中国”建设是国家层面的大战略，是全面建成小康社会的重要标志。为此，《“健康中国 2030”规划纲要》明确要求：一是“到 2020 年，建立人人享有基本体育健身服务”；二是“到 2030 年，完善的全民健身公共服务体系全面建立，健康生活方式得到普及，基本实现健康公平”。显然，体育是推进“健康中国”建设不可或缺的重要内容和重点抓手。但是，迈入 21 世纪以来，我国的体育悄然异化，演变成另类的社会现象，使得体育在不良的社会氛围中，价值取向和行动导向出现了畸变，偏离了初心，带来了严重的弊端，若不及时纠偏和矫正，有可能将其带向一个错误的方向，招致体育在经济和社会建设中持续弱化，进一步被边缘化，背离“健康中国”之“共建共享，全民健康”的建设目标。不难看出，异化俨然成为我国体育健康发展的现实威胁，损害“健康中国”建设，必须引起高度的关注和重视，须集合各方之力应对。因此，本书拟采用文献资料法、分析法、逻辑推理法等，一是对我国体育的异化及其困局进行深入思考；二是对体育异化的原因展开深度的梳理与分析，呈现问题的真相；三是尝试发掘体育异化的生成机理，揭示其异化之道；四是提出可行的治理路径，科学有效地破解体育异化的困局，服务“健康中国”建设。显然，关注和探索我国体育的异化问题具有理论和现实的双重

意义，应该成为学界的普遍共识和一致的改革行动，奠定矫正体育异化的思想基础，进而精准对接和服务“健康中国”建设行动计划，借此实现人本主义体育在中国的积极回归。

二、体育的异化与困局

顾名思义，所谓异化，是指劳动产品作为一种异己的对象同劳动者相对立。从马克思的异化理论看，体育异化不仅表现在结果上，而且表现在生产行为中，更表现在生产活动本身中。据此，研究认为，所谓体育的异化，是指参与体育的人与体育之间关系的冲突、摩擦和不协调。这种关系的异化就是指参与者原本是追求自身的发展，但反过来自身却被对象占有了，即自身得不到应有的发展，反而被客体所挤占或弱化，即所谓的本末倒置，或者说主次颠倒、偏离核心价值。

检视文献和资料，我国学界对体育异化的关注和研究，大致可以划分为三个阶段。2003年之前只有零星的研究，2004年开始呈现快速增长的态势，文献量达到15篇，2008年出现爆发性增长，全年可查文献达到55篇，2011年后文献量在60～70篇，进入平稳的阶段。对体育异化的研究，较早的可见文献可追溯到1997年张洪潭发表的《体育大势简论》，首次提出了体育、竞技体育、健身体育之“由同论异”“异化驱力”的观点，拉开了对我国体育异化研究的帷幕。同年，易剑东、王会寨首次就竞技体育的异化问题撰文透视，提出了“兴奋剂问题是体育政治化扭曲的不良产物，是竞技体育职业化和商业化的畸形产物，是体育科学化的怪胎”的观点。2001年，我国体育社会学家卢元镇在《体育文史》发表了《竞技体育的强化、异化与软化》一文，引发了广泛的共鸣和学界的热议，竞技体育异化的问题逐渐成为体育界关注的核心问题之一。对学校体育异化的研究，始于2005年许可的《我国快乐体育的兴起及其异化现象研究》一文，2008年达到一个小高峰，掀起了对学校体育异化问题的研究热潮，有一定影响的成果有李吉远的《学校体育的异化研究》，黄平波、安国彦、刘龙等的《学校体育异化现象审视》，学界或运用异化理论对学校体育中的异化现象进行理论性探索，或运用文献资料等方法对当今学校体育的现状进行了研究，或采用内容分析法对我国学校体育异化作以简要分析，并概括和总结得出一些重要的学术观点：学校体育既有本质的异化、过程的异化、对象的异化，也有运动项目的异化、关系的异化，等等。对群众体育异化的研究，主要源于对休闲体育异化问题的研究，较有代表性的观点有，吴德勤、朱磊认为："休闲体育异化成为单纯的时尚、时髦、先锋的符号象征，成为高人一等的炫耀性符号象征，成为资本掌控的一种体育符号象征。"其他的异化研究主要涉及民族体育的异化、体育传播的异化、体育思想的异化、体育文化的异化等。综上所述，对我国体育异化问题的研究，有影响的成果不多，还处在比较粗浅的层面，大多触及表层、表象和表因，缺乏有高度和深层次的梳理和分析，尤其缺少既有广度、深度，又能够精准结合我国民族和历史文化学理性的研究成果。

体育异化的问题，不知不觉已经演绎成为我国体育的最大困局。就以往言之，由于体育在中国人的心目中一直处于边缘化或次边缘化的境地而没有给予足够的重视，因此以往人们对它不太关注、比较疏忽。近年来它悄然成了思想理论界普遍关注的一个重大哲理问题，乃至成为社会热点问题，这是有客观原因的。根本的原因是，随着广大人民群众日益增长的多元化、多层次、多维度的体育需求，尤其是提高生活品质内在的健康需求的增多，出现了越来越多与体育相关的问题——体育的供给、消费、服务、氛围等严重不足，尤其不能够提供给国人优质的个性化产品和服务，供给侧显得结构失调、服务碎片化、品质参差不齐，这不但与经济社会的高速发展不相称，更与广大中国人的健康追求极其不相称，已然成为我国体育发展中的突出矛盾，引发大众的长期议论和诟病。这种人口需求与体育资源矛盾最为尖锐的局面，在迈入"健康中国"建设时代，愈发突显。体育能不能在促进人的全面健康发展中发挥出应有的作用，在相当多的中国人的心目中还是存疑的，甚至影响到业界的态度和判断。这种因事实上的严重后果造成体育发展的巨大困扰，必然会引起学界和有识之士的担忧，由此而引发强烈的反思。

在狂飙式的经济发展中逐渐迷失了方向的中国体育，其异化经过了较长时间的积累和演变，并以多样化的形式呈现出来，既有基本的事实，也具有一些显著的特征，同时不可避免地附着民性痕迹。我国体育的异化，从类型看，主要有学校体育的异化、竞技体育的异化和群众体育的异化三大类；从知识视角看，主要有认知的异化、行为的异化、文化的异化和核心价值的异化等；从响应的途径看，主要有体制机制的异化、结构性的异化、资源配置的异化和人才培养的异化等。从异化的危害看，一方面，体育促进人的健康和全面发展的功能被人为弱化，致使体育的本质功能受到严重的损害；另一方面，体育的工具性和功利性作用过于突出，结构性失衡，致使体育事业在社会建设中的核心价值的作用虚化。总之，异化对体育的伤害是全方位的，认知上，人们长期严重低估体育的作用；文化上，人们在对待体育文化时出现明显罅隙；行为上，人们运动不足，这成为普遍现象；产业发展僵化落后、停滞不前，严重依赖国家和政府有限的资源和投入来拉动。

三、体育异化的深层次原因与分析

1. 现代体育与传统体育的磨合和冲撞

从某种意义上，我国事实上存在两种“体育”：一种是传统体育，另一种是现代体育。对于中国人血脉意识和理性世界而言，体育不仅仅是一般意义上的现代体育，不仅仅是竞技运动，也不仅仅是健身娱乐活动，还包含千古一脉、如影随形、具有几千年炎黄文明的传统体育及其文化，因为每个中华儿女的体内有着中华传统文化的“武术”“气功”“导引”等古老的体育基因，而且体育文化基因在传统体育的形成和发展过程中起着控制和影响的作用，是传统体育与文化得以继承和发扬的关键。目前人们所熟知的体育，包括田径、游泳、篮球、足球等项目的现代体育起源于西方，并发展了西方文明，但现代体育毕竟是西风东渐的舶来品，自 20 世纪末传入我国扎根迄今，仅有百余年的历史，是我国历史发展长河中演绎的小事件，与传统体育悠久的时空和文明相对而言，还是新鲜事物，其与传统体育文化的融合还需要时间的沉淀与发酵。在这个融合发展的过程中，彼此的磨合和文化的生成必然会产生一些摩擦、冲突和矛盾，其罅隙在一个比较长的时期里或多或少左右着中国人对体育的混沌认知和身份认同，或因此种下了异化的土壤。因此，异化的发生是我国体育发展的阶段性产物，既在情理之外也在情理之中。

2.“举国体制”体育衍生的弊病

由于国家民族的积贫积弱，从1840年的鸦片战争起，我国备受西方列强乃至周边国家的欺辱侵略，这成为民族之殇，同时也是一种民族精神上的痛击。中华人民共和国成立后，上至国家领导人，下至平民百姓，都对国家最大限度地运用体育的工具价值和政治价值，在世界竞赛场上争金夺银，进而实现提振民族士气的愿景，一直持高度的认可和倾力支持的态势，这种特质在2008年北京奥运会时达到巅峰，北京奥运会真正实现了包揽金牌数世界第一的梦想，强有力地提振了民族精神和民族自信。放眼全球，唯有我们国家成功运用“举国体制”最大限度地实现了体育的工具性价值和政治性价值，也确确实实借助为国争光的体育精神极大鼓舞了国民的士气和精神，最著名的是20世纪80年代的“女排精神”和2016年里约奥运会女排精神的重现。这已经成为中华民族的精神血脉，助力国家和民族形象的塑造，进而转化为经济社会建设的动力。一分为二地讲，强化体育的竞技性，弱化体育的育人性，实施所谓的“举国体制”，最终形成根深蒂固的制度和机制，不是一朝一夕之功，而是基于国家民族特殊的需求和特定的历史背景，并经过半个多世纪时间的累积而固化形成的。基于此，一方面，“举国体制”自实施之日起就注定了对体育的发展造成了事实上的偏差和损害，结构性的异化事实上已经不可避免；另一方面，固化的体制机制和利益藩篱必然会侵蚀群众体育和学校体育，这也是必然的，最终必然导致体育资源配置的失衡及其人才培养的“两张皮”问题。

3. 体育产业缺位缺失的不可持续

以2014年10月20日国务院发布《关于加快发展体育产业促进体育消费的若干意见》为标志，体育产业在发展体育事业中起着越来越重要的作用，在国民经济中的地位也越来越高，在全面建成小康社会的过程中成为支柱性产业和新引擎。但是，在我国，长期以来体育产业在经济社会发展中的地位和作用并没有得到应有的重视，这与中国人根深蒂固的僵化观念有关。在我国，自现代体育引进国门后，直至20世纪末，无论是政府层面，抑或是学界业界，更不用说平民百姓，罕有人认为体育是社会发展的一项产业，至多是一项副业而已，更别谈体育将来能够成为国家经济发展的朝阳产业和绿色产业，甚至是国家经济的一大支柱产业和新引擎了。在大部分中国人的观念中，体育只是一项社会事业，是我们健身、竞技、游戏、娱乐、消费的载体，是一项需要政府不断加大投入和个人奢侈花销的消费事业而已。在学界，尽管体育产业自20世纪80年代以来得到了迅速发展，但人们在认识上还很不统一。近年来，我国学者对体育产业成为支柱性产业的看法仍然趋于保守。魏纪中先生曾经说过，中国目前尚无真正的体育产业，只有体育商业。正是在错误认知的左右下，长期以来，体育产业发展的顶层设计几乎是空白的，没有方向，没有引导，没有扶持，更没有着力点，这导致体育产业化的发展和市场化水平远远落后于其他行业或领域，也不能满足社会事业的发展要求，更谈不上现代化。其结果导致体育事业既没有强大的产业支撑，又失去了可持续或良性循环的经济基础，更致命的是，无法主动融入国家发展的大战略、大建设之中，进而逐渐被边缘化而失去社会力依托。这种状况直到2014年10月20日国务院发布了《关于加快发展体育产业促进体育消费的若干意见》才有了根本性改观，这时的体育产业才进入了快车道和井喷期。自2015年始，站上风口的体育产业成为经济领域的热词，得到诸多资本青睐，以马拉松为代表的赛事数量和参赛人数翻倍增长。目前，我国赛事审批、转播权市场化带来的职业联赛产业链价值提升已经得到初步显现，体育产业将步入快速发展期。但与欧美发达国家相比，体育产业还处在起步阶段，其良性循环尚需时日，今后的路任重而道远。

综上所述，我国体育异化的生发，主要由三大深层次因素造成：一是国人对体育的认知存在较大的分歧和异议，种下了异化的心理土壤；二是“举国体制”损害了体育的整体性，人为强化了体育的竞技功能，弱化了体育的育人功能和文化功能，种下了异化的体制机制；三是体育产业的长期缺失缺位导致体育事业结构性偏离，使其失去造血支撑和生产活力，逐渐被边缘化。

四、体育异化生成机理的探究

古人云："知其然还要知其所以然。"探究体育异化生成的机理，必将有助于中国人正本清源，奠定体育建立"知本自觉、诚意自觉、行为自觉"的思想基础，这为破解目前我国体育的异化问题无疑提供了极为重要的理论支撑和参考依据。

1. 文化冲突

体育文化冲突，是指两种或者两种以上的体育文化，即中国传统体育文化与西方体育文化相互接触所产生的竞争和对抗状态。主要表现在两个方面：一是中国传统体育与西方体育的文明冲突；二是体育实践的传统性与现代性的冲突。

就目前而言，中国体育是一个纷繁复杂的系统，难以一概而论。在现代社会，西方体育占据了绝对优势，我国传统体育被挤压至边缘地位。因为，以"奥运会"为代表的西方体育以不可遏止的潮流席卷世界时，中国以敞开胸怀的姿态迎接了西方体育，西方体育得以迅速在中国大地扎根流布，并占据了绝对地位。这是一种客观的毋庸置疑的历史现象。但是，毕竟西方体育抑或奥林匹克运动是一种崇尚力量、速度和高度的竞技性运动，是一种基于"争强好胜"的锦标主义体育，完全不同于中国传统体育。中国传统体育是基于"天行健，君子以自强不息"的天生服务于人"强身健体"和"修身养性"的活动，比如导引术、五禽戏、气功等。诸如武术类，也是讲究"不打而屈人之兵"，以切磋和娱乐为出发点。可见，中西方体育完全是产生于两种不同文化之下的体育形态，这也是客观事实。正因为如此，在一个较长的时期里，中国人对两种体育的认识、态度和实践，难免有选择有取舍，甚至有矛盾有摩擦，这也是人之常理。结果必然会导致一些认识上的偏差、态度上的偏颇和行为上的误差等弊病，并且还会受到时代性诸多不良因素的影响和掣肘。但是，随着社会发展和文明的进步，人类必将迎来"休闲时代"，到那时，损害身体的极限竞技运动不再受人欢迎，人们普遍会选择和接受基于娱乐和休闲的活动方式，再造和铸就以“强身健体”为目的、以“休闲娱乐”为内涵的中国传统体育发展为主流的时代。

2. 价值冲突

体育价值冲突，或者说体育价值取向的冲突，是指不同主体或不同文化的差异而导致的体育价值和价值观念上的矛盾、碰撞、冲突。主要表现在两个方面：一是从整体上挑剔或否定体育的价值，质疑体育存在的必要性；二是过度重视体育的比较价值，轻视体育的质性价值，导致比较价值与质性价值的失衡。

中国人的体育价值或价值取向的冲突有着深层次的根源，既有国家因素，又有不同个体的因素、不同文化差异的因素，还有不同时空发展需要的因素，是一个相当复杂的集合体。对于体育价值取向而言，更多的因素是基于国家顶层设计的影响，即国家选择的响应。由于我国立国建设和发展之初几乎一穷二白，加之体育基础薄弱、人口众多，极其需要体育在创造政治、经济、外交等方面创造所需要的良好的外部条件，并提振民族士气。设计者的确把国家荣誉(竞技体育)而非国民体质放在第一位来考虑，选择了“举国体制”，进而迅速地提升了国家的竞技水平，为国家争得荣誉，直至2008年北京奥运会达到巅峰。这种毕其功于竞技的国家制度选择，其影响是深远而深刻的，其弊端也是十分严重的，导致体育促进人全面健康发展的质性价值完全被竞技性、功利性的比较价值覆盖，使得中国人长期以来体育参与不足、体验缺乏和获得感不强，以至于质疑、诋毁甚至排斥体育。此外，此种意识还直接导致另一个严重的后果，学校体育教育由于受到国家导向的误导，长期沿袭竞技教育模式，课程教学内容仅限于技能和技术，技能和技术同时也作为教师教学水平评定的主要衡量标准，这就促进生成了师生教学活动的竞技化，违背了学校体育是基于健康教育为本的初衷。但是，我们必须相信，随着社会文明的进步和国家发展战略的调整，广大中国人对增强健康的内在追求和提高健康生活质量的根本需求增多，这必然会推动体育的向好改革，使人们对体育的认识认知、价值取向、健康实践等趋于一致，进而扭转社会心理文化的失衡，复归其“休闲、娱乐和健康促进”的质性价值。在此基础上适度发挥其政治、经济、外交等功利性的比较价值——体育将成为实现“中国梦”的有力支撑。

3. 路径依赖

所谓路径依赖，又称路径依赖性，是指人类社会中的技术演进或制度变迁一旦进入某一路径就可能对这种路径产生依赖，不断地自我递增和强化，无论路径的“好”与“坏”，类似物理学上的惯性，并且路径依赖最终会生成利益的藩篱，进一步固化路径依赖。

中华人民共和国成立后，基于现实的考量，国家凭借“举国体制”这一超常规的发展竞技体育的制度，迅速地提升了竞技水平，加快了现代化进程。这一体制在最大限度地提升我国竞技运动水平的同时，也满足了我国经济、政治、外交发展的外部条件，最有效地发挥了其固有的工具功能。但与此同时，“举国体制”产生并衍生了政府包办体育、管办不分、资金资源严重依赖政府、造血不足、职业运动员就业难等问题。它仅仅造就了一个竞技大国，而非体育强国，国民的体质和体育发展水平并没有因此而提高。可见，对组织而言，一种制度形成后，会形成若干利益攸关的集团，他们对现在的制度有强烈的要求，只有巩固和强化现有制度才能保障他们继续获得利益，哪怕新的制度对全局更有效率，也难以纠偏矫正。在他们看来，沉没的成本更大，从而形成了可怕的路径依赖。从辩证历史唯物观来看，“举国体制”具有很强的时代性，它的产生有着很强的历史必然性，它的运行必然也有着很强的时代局限性，它仅仅是我国特殊发展阶段的权宜之计，它暴露出很多的问题与矛盾，已经给我国的体育发展带来了巨大的负面效应，迟早会被新的更适应时代发展的体制淘汰。

五、破解目前体育异化困局的路径选择

1. 体制“强体”

在加强顶层设计的基础上，科学运用创新、协调、绿色、开放、共享五大发展理念，基于“五位一体”的发展思路，全面深化体育改革，借助“健康中国”建设的强大推力，形成新的体制机制。对此，我国的体育系统必须嵌入社会综合体系中，与教育、文化等部门整合，或建立联席联动制度，实现体育资源

的有效配置，建立高度匹配的实践体系，建成休闲型体育社会，做强体育产业，引导体育回归教育、回归文化、回归人本，实现政府、社会、个人、市场“四位一体”办“大体育”的格局，摆脱孤岛困局，全面融入“健康中国”建设，打造体育的中国范式。

2. 文化“立体”

体育文化基因在传统体育的形成和发展过程中起着控制和影响的作用。我国传统体育文化璀璨而厚重，蕴含着深厚的文化内涵，是中华民族宝贵的文化资源，事实上已深深烙入民族的基因，在民族血液中流淌。控制和影响传统体育文化的继承和发扬，完全可以为民族复兴提供精神滋养，补足“精神之钙”，尽快在传统文化中建立起具有中国特色的体育文化体系，以高度的文化自觉加强体育文化传播和推广工作。

3. 普惠“兴体”

没有普惠就没有体育的兴盛，没有全民的健康就没有全面的小康社会。对此，各级政府要举全力做好顶层设计，分类、分层、分阶段统筹和建设普惠体育，破解体制中结构性割裂的困局，构建全员参与、全过程引导、全方位育人的基于“互联网＋体育”的智慧实践体系，实施“政策＋财政支持”双轮驱动措施，围绕营造健身氛围做足文章，围绕丰富市场供给做大文章，形成社区体育、学校体育、职业体育协同、包容、互补的大格局，形成人人共建体育、人人联通体育、人人享有体育的运动健康型社会。

4. 产业“盛体”

我国人口众多，客观上是全球最大的体育产业消费国。政策放开、资本介入和消费升级三重因素将为中国体育产业带来前所未有的发展机遇。没有产业支撑的体育，不可能兴旺发达，更不可能持久兴盛。在国家战略的规划下，作为未来增长较快的竞赛表演业、教育培训业、健身娱乐业、体育中介、体育信息与体育传媒五大行业，需要重点推进，对准供给侧结构性改革，全面优化市场环境。尤其是要发力于体育与大健康对接的领域，体医结合将是未来很好的一个商业机会。《“健康中国2030”规划纲要》中，大健康被预测将是仅次于房地产的产业，是未来中国引导性产业之一，体育对接健康产业的未来空间非常大。政府首先要主导培育全民体育大市场，构建全国统一的体育开放信息平台，使人们可以通过智能手机随时查看自己的健康锻炼情况、分享最新的体育信息；其次要建设全民体育线上线下综合体验运营平台，建设全域路径，通过多种手段刺激以篮球、足球、冰雪运动、武术等为核心的潜在体育消费者；最后要成立体育产业发展中心，建立体育产业发展国家基金，帮助和全力扶持体育企业的绿色崛起，实现由体育产业的生产者主导模式转换为消费者主导模式的市场，促进整个全民体育市场的发展。

六、结论

我国体育的变异，既有体制机制的响应，又有思想观念、历史文化、民族特质和产业缺失的响应。因此，体育的变异不是单一的抽象物，而是复杂的混合体，既有其内在的结构和层次，也有其外在的具体的“实在”，因而其致变因素是多维的、复合的，是文化冲突、价值冲突、路径依赖等交织叠加作用的复合结果。对此，要彻底破解体育异化之困局，无缝对接“健康中国”建设行动计划，要走体制“强体”、文化“立体”、普惠“兴体”和产业“盛体”并举的发展道路，实现体育强国梦和“中国梦”。

第二节　新背景下我国群众体育的核心难题及其治理研究

一、问题的提出

目前，广大群众的体育参与程度仍然偏低，健身意识仍然有待进一步增强。从 2011 年发布的《第三次我国城乡居民体育参与状况调查》结果看，我国经常参加体育锻炼的人数比例只有 28.2%，群众的运动参与程度仍然偏低，与发达国家相比还存在较大差距。同时，经常参与体育锻炼的群众还存在不同程度的人群差异、地域差异、性别差异和职业差异，等等。此外，各地组织开展的全民健身活动还存在各种重形式，不注重实际效果等问题。2010 年中国慢性病监测显示，我国 18 岁以上的居民 83.8%从不参加业余锻炼，其中城市为 73.2%，而且这一数字低于 2002 年的 78.4%。仅有 11.9%的居民经常锻炼，他们每周锻炼 3 次以上，每次至少 10 分钟。

2011 年有一项对发达国家和新兴经济体国家民众身体活动及体育锻炼状况的调查研究，调研由全球 30 多个体育、教育、医学、卫生等权威组织参与，名为"运动规划"，其调查结果显示，无论在发达国家还是新兴经济体国家，运动不足已经成为普遍状况。我国自 1991 年到 2009 年 18 年间，国民体育活动的强度下降了 45%。此结果令人感到震惊，值得深思。

"2014 年 6～69 岁人群体育健身活动和体质状况抽测调查结果"表明，每周达到 3 次及以上、每次持续 1 小时大强度体育锻炼的儿童青少年比例仅有 8.9%。按"每周参加体育锻炼频度 3 次及以上，每次体育锻炼持续时间 30 分钟及以上，每次体育锻炼的运动强度达到中等及以上"的标准，达到"经常参加体育锻炼人"的比例仅为 31.2%(含 6 至 19 岁儿童青少年人群)。

显然，体育人口问题或者说普惠问题是目前学界和业界面临的一个极其重要而且是亟待破解的现实课题。对此，为了补上群众体育和产业发展的短板，把我国建设成为世界体育强国，促进体育的转型，国务院于 2014 年 10 月 20 日印发了《关于加快发展体育产业促进体育消费的若干意见》(以下简称《意见》)并开始正式实施，提出了要把增强人民体质、提高健康水平作为根本目标，把体育产业作为绿色产业、朝阳产业进行扶持。显而易见，《意见》发出了一个前所未有的重大信号，昭示着全民健身已经上升为国家的战略并加以精心经营，推动全民健身的深层次改革已经是箭在弦上。

二、研究方法

中国建构运动健康型社会的研究主要在文献研究法基础上辅之观察法和经验总结法开展研究。基于问题的提出，研究通过中国知网及其相关数据库查阅了 157 篇有关的文献资料，经过筛选和甄别，从中分类提炼出源头性文献和最近的成果文献以及研究的成果文献 20 多篇，为本研究提供了借鉴和参考。

三、我国群众体育普惠严重不足的原因与分析

我国体育人口少与群众体育普惠严重不足是一脉相承的，是根本性矛盾一镜双面的直接反映，正是由于群众体育普惠严重不足才直接导致体育人口长期短缺的结果，其背后则暴露出愈发沉重和值得深刻反思的诸多问题。

群众体育普惠严重不足，主要表现在四个方面：首先表现在广大农村，特别是欠发达地区、边远山区的农村，全民健身少有被覆盖，广大农民得不到所谓的“全民”政策和诸多措施的惠及；其次是广大的进城务工农村人员没有被覆盖，更没有纳入城镇，成为全民健身领域被遗忘的最大一群；再次是城乡结合区域成为全民健身漏斗区，难以被覆盖惠及，成为另一个遗漏之地；最后是就算在城镇，中青年往往成为被全民健身政策和措施忽视而被边缘化的一群。造成这四种状况的原因是多方面的，而且是比较复杂的，下面一一加以分析。

1. 体制机制问题

体制机制之弊病，与中华人民共和国成立后完全套用苏联的模式有关，其后又一直没有与时俱进地进行改革，才导致今天的困局。正是应了一句老话，“早知如此，何不当初”。具体说来，“举国体制”是我国群众体育向高水平发展的最大制约和障碍，早就被中国人诟病；职业体育的政策制度体系建设和完善还处在业余水平，这导致体育产业远远满足不了群众体育的广泛需求；场馆管理体制改革和运营机制创新还处在空白阶段，这导致大量场馆场地的空置，浪费了资源。

不容否认，“举国体制”曾是我国竞技体育腾飞的倍增器，起到了关键作用，对国人士气的提振也曾一度功不可没。可是，事实证明，这种体制早已跟不上时代的潮流。因为，随着经济社会快速发展，这种体制渐生弊端，其沉重的代价遭到越来越多的诟病和质疑。比如，体育的本质功能是以人为本，服务于人的体质和生活品质的提升。但是，“举国体制”却是以极少数运动员为质押，投入巨大的人力、物力，以“唯金牌、唯奖牌”数量来达到一定的政治目的，是牺牲大多数民众分享体育的权利的，是与体育的本质功能格格不入的。再比如，陈旧体制衍

生的“三分离”问题也是一个证明。众所周知，我国学校体育、群众体育、职业体育三者之间是相互分离，甚至是相互割裂的，这就造成了三者之间人财物资源的分离与分割。学校体育难以被社会大众分享和利用，群众体育也难以惠及青少年甚至中青年，职业体育更是难以扶持和反哺学校体育和群众体育，导致极大的人财物的重复投资和建设。同时，还衍生出体制内的“三合一”的致命问题，导致政社不分、政企一体、管办混合，从而弊端丛生，不断累积，体育的广泛社会性和普惠公益性以及职业体育的高度专业性完全被淹没，走入虚假的死胡同。“三合一”的问题也导致了商业性体育活动审批、群众性体育赛事活动审批、公共体育服务准入、体育社会组织准入、体育市场品牌开发、产业化扶持等都得不到顺畅有效的解决，产业化和市场化也就成为一句空话。

总之，不打破“举国体制”，不打破“唯金牌论”“唯奖牌论”，不建立完善的职业体育的政策制度体系，不填补场馆管理体制改革和运营机制，不大力推动体育产业的发展，全民健身的普惠就是难以企及的传奇。

2. 体育观念问题

体育观念的偏颇、偏差和偏见由来已久，非一朝一夕所致。“体育是运动，运动是体育”“体育是闲人的事情”“体育是没有文化的人从事的职业”就是三个经典的经久成疾的错误观念，也就衍生出对体育的社会性歧视和偏见。但是，随着社会经济的快速发展和文明的进步，以及人们下意识追求健康生活的内心需求，越来越多的民众对体育呈现出“五味杂陈”的复杂感受，心理上可谓“欲爱不能，欲罢不成”，矛盾不已。体育观念的负面影响在半个多世纪的发酵下，已经成为建设运动型社会的最大障碍。仅就其中体育而言，在很多人看来，普通群众似乎无须追求更快更高更强，只需向体育活动索要身体健康。近些年来，各地住宅小区纷纷设置健身点，不过那里的所谓体育器材更像各种色彩光鲜的游戏道具；而全民健身节期间的各类体育专家的专题讲座，除了季节性常见病的预防，就是高血压、肥胖症等老年病、富贵病的诊治，几乎不见真正关乎体育内容的宣教。还有就是所谓宏大场面的万人跑、万人走、万人游等面子运动，无非是形式而已，没有什么实际的作用，反倒是极大的奢靡。从上述的现象可以清楚地看到，转变体育观念，已经成为破解根本性问题的关键。

体育观念不转变，思想禁锢就会延续，机制体制改革就难以取得大的突破，全民健身的普惠就不可能实现。

3. 健身产品供给问题

全民健身普惠严重不足的另外一个重要原因与健身产品供给不足有关。正因为健身产品供给不足，才导致部分国民想参与健身运动而不能，他们愿意参加健身运动而无门或不得其门，这样全民健身的普惠就被打了折扣，比如体育设施问题。就目前情况看，各级政府并没有结合城镇化发展统筹规划体育设施建设，布点布局也不尽合理，有针对性的便民利民场馆、中心和户外设施难得一见，因此，国民健身受到了极大的限制。再比如，健身休闲项目问题。在大多数地区，群众喜闻乐见和有发展空间的项目少之又少，无非是跑步、健身走、骑车、登山和广场舞之类，所谓的自然体育，只是比较适合老年人而已。健身休闲项目的简单化和可供选择性不足，部分国民特别是中青年人因此而失去了对健身的兴趣甚至直接放弃。又比如，体育赛事活动问题。当前的体育赛事大多数是以纯竞技为主，没有多层次、多样化的各类体育赛事作为补充，可供大众选择的余地不大，而且大多集中在大城市里，根本没有普惠的空间，另外，假职业化、假市场化大行其道，引发观众的反感、质疑甚至厌弃，于是他们的参与性不高，上座率更是低得可怜。就拿作为职业联赛先驱的中国足球联赛“中超”来说，一直都是为奥运会、世界杯这两大赛事让路，联赛成为鸡肋，也成为观众的鸡肋，还谈何发展？据有关数据统计，就目前所谓最受热捧的篮球职业联赛来说，2012—2013 赛季观众的上座率实际平均还不足 70%，而且呈逐年下降的态势。其他的所谓职业联赛包括足球、乒乓球、羽毛球等就更可想而知了。观众参与率的低下说明一个极端重要的问题——我国的所谓职业联赛还没有取得真正的成功，假职业化和假市场化是两大破坏器，最终导致国民的不认可而弃之、去之就是明证。体育产业方面，我国目前还远没有产生像耐克、阿迪达斯那样的世界顶级体育装备品牌，没有形成体育产业链，人均体育场地也远不如体育发达国家。

4. 体育经费问题

体育经费问题的存在是全民健身普惠严重不足长久以来得不到解决的关键性因素之一。从现实情况看，体育运动场地设施匮乏与各级政府对全民健身的资金投入不足直接相关，这直接造成群众体育难以在面上推广而惠及广大国民，特别是在农村地区。据2013年全国公共财政支出决算统计，全国体育事业支出为299.08亿元，占公共财政支出的0.21%，其中群众体育支出为27.65亿元，人均仅为2.12元。如此“寒碜”的数据确实会出乎大部分国民的预料，也就不难理解为什么一直喊重视群众体育，而直到今天还是如此状况，更不难理解“举国体制”为何被众多国人质疑和诟病了。因为，长期以来，为了奥运会、世界杯，为了所谓的高水平运动，无论是群众体育还是职业联赛都一直为之让路，投入也必须让路，最终群众体育落得人均每年仅为2.12元的经费，广大的农村地区呢？还谈何全民普惠？

四、结论与建议

1. 结论

造成我国群众体育水平长期低下，与其普惠严重不足息息相关，究其根本原因，在于“体制之弊端”。“举国体制”背离了体育的本义，背离了体育的本质功能，致使学校体育成为鸡肋，群众体育成为鸡肋，职业运动也成为鸡肋，体育的发展充其量只能是鸡肋式的发展，三者之间顾此失彼、本末倒置、条块分割、互相制约、无法协同。正是由于“体制之弊端”，才导致了我国群众体育的机制体制落后、城乡割裂、经费错配并被挤压、文化建设和宣传虚化、品牌体育健身产品供给严重不足等弊病丛生，最终影响普惠。

2. 建议

必须承认，从世界范围看，我国群众体育一直处于较为落后的状态，直接原因在于群众体育普惠严重不足导致了体育人口不足，这个问题也是“举国体制”无解的大题，必须另辟蹊径。革新的主要思路是创新机制体制，让群众体育回归本义、回归社会、回归市场，这是实现群众体育充分普惠，提高我国群众体育人口比例的必由之路和不二选择，由不得我们再臆想而耽误。有关建议如下：

(1)在国家政策设计和战略层面，痛下决心创新机制体制。首先，要把实施反哺农村体育战略摆在首位，特别是在欠发达、边远山区的农村，要实施“政策＋财政支持”双轮驱动措施，提高农民参与体育的积极性，增加运动人口，提高最底层群众体育的水平；其次，要依靠机制体制的改革和创新，推行政社分开、政企分开、管办分离，加快推进体育行业协会与行政机关脱钩，将适合由体育社会组织提供的公共服务和管理事项，交由体育社会组织承担，推动场馆设施开放利用；再次，特别要重视建立第三方的全民健身运动等级评价体系，并配套建立国家激励机制。由第三方按男女分层分类建立少年、青年、中年和老年人健身运动等级评价体系，实施全员、全时覆盖。同时设立国家奖励基金，职能部门按评价等级给予适当的物质和精神鼓励。

(2)在文化建设和宣传方面，围绕营造健身氛围做足文章。上至国家，下至乡镇农村，各级各类媒体要依规开辟专题专栏，持之以恒，普及健身知识，宣传健身效果，积极引导广大人民群众培育体育消费观念、养成体育消费习惯。特别是在观念方面，必须统一一致，结合新的健康观，采取地毯式的普及宣传，在大众中树立正确的体育观。此外，要把体育文化建设摆上议事日程，以弘扬奥林匹克精神和践行社会主义核心价值观为核心，融合全民健身，并设立专项资金，积极支持形式多样的体育题材文艺创作，推广体育文化。

(3)在具体的实践层面，围绕丰富市场供给做大文章。一是要完善体育设施。定向定点建设一批便民利民的中小型体育场馆、公众健身活动中心、户外多功能球场、健身步道等场地设施。逐步实现社区20分钟健身圈、新建社区的体育设施、乡镇农村实现公共体育健身设施100%全覆盖。二是要充分整合大型体育场馆、学校体育场地、社区体育设施等现有体育资源，探索通过“政府购买服务”方式推动教育部门、机关企事业单位向公众开放体育设施，共同解决社区体育发展的必要场地条件，同时大力发展群众身边的体育社团组织及社会体育指导员队伍建设，满足人民群众日益增长的体育锻炼需求。三是要大力发展健身休闲项目。结合地方实际，发展群众喜闻乐见和有发展空间的项目。同时专项扶持民族传统体育项目，推广适合老年人的运动休闲项目。四是要丰富体育赛事活动。以竞赛表演为重点，丰富业余体育赛事，引导支持体育社会组织等社会力量举办群众性体育赛事活动，打造一批独特的地区性品牌赛事。

(4)群众体育的经费支持和保障实施国家战略。体育是国家基本公共服务之一，国家应从制度层面加以保障，由地方政府牵头，体育部门联合财政部门建立相关制度，明确规划财政预算中的体育事业投入比例，并建立严格的拨付和监督审计机制，真正把资金投向惠民的“体育民生”，推动实施大型体育场馆免费或低收费开放。

第三节　试论小康社会建设中体育文化之殇与治理思路

一、问题的提出

我国体育的发展在成功举办2008年北京奥运会后，站在了一个新的历史起点上。无论是全民健身上升为国家战略，抑或是实施体育产业发展国家战略，还是国家“十三五”时期全面建成小康社会的战略部署，都为体育发展提供了历史性的黄金机遇和广阔空间。在全面建成小康社会的“十项”小康标准中，看似几乎与体育无关，但在五项建设指标中，无论经济建设、政治建设，抑或文化建设、社会建设和生态文明建设等五项指标都与体育有关或间接相关。全面建成小康社会，离不开体育事业的助力，更要有体育的一席之地，如此体育怎么能够瘸腿?所以历史机遇显然是明摆在体育人面前的。当然，挑战是极其严峻的。众所周知，我国体育经过半个多世纪的曲折发展和丰厚沉淀，在取得了空前成绩的同时，其积弊和沉疴，甚至深层次敏感的生存问题，也屡被中国人围观，并饱受指责和质疑。

我国国民日益增长的体育和健康需求和体育资源严重不足

之间的矛盾，是目前体育发展中存在的主要矛盾。具体表现在以下几个方面：第一，国民的身心健康水平，尤其是青少年学生、青年大学生体质健康的弱化状态，与小康社会建设的要求存在巨大的落差，已经成为社会诟病的主要问题；第二，公共体育服务、场地设施建设、组织体系建设、科学健身指导等与国民的需求存在巨大的差距，已经成为基础性薄弱环节；第三，地区之间、城乡之间体育发展不平衡的问题比较突出，已经成为全民健身战略的难题；第四，体育产业面临产业结构不合理、政策制度缺失、市场管理混沌、市场规模小等诸多问题；第五，体育理论建设、政策研究、队伍素质差等方面面临新形势下体育发展与改革的严峻挑战；第六，职业体育后备人才培养体系面临新的困难和挑战；第七，体育文化及其建设长期疏失，面临重塑重建的艰难局面。

对此，深入发掘国民日益增长的体育和健康需求和体育资源严重不足之间的矛盾，厘清其前因后果乃至源起，对体育在小康社会建设中的功能与定位必将起到中正作用，裨益体育科学与可持续发展。

二、归因与分析

盘根究底，体育发展存在的根本问题和突出矛盾，其起因或影响因素主要是由于“四殇”之痛导致，即体育文化之殇、体育健康之殇、体育产业之殇和体育基础建设之殇。限于篇幅问题，本书仅就文化之殇重点加以解析。

1. 关于体育文化之殇

文化之殇是我国体育发展殇之首，是体育发展成长性烦恼遭遇的核心瓶颈之一。体育文化是体育健康、可持续发展的内在动力，加强体育文化建设，提升我国体育文化软实力，发挥体育在培育社会主义核心价值观的重要作用，既是建设小康社会、文化强国的要求，也是建设体育强国的必要条件之一，理应成为体育界乃至全社会的广泛共识。但是，此共识只是在2012年中国共产党第十八次全国代表大会召开后，才逐步引起部分有识之士的重视。这些人达成了初步共识，但要形成全社会的广泛共识，任重而道远。正如易剑东教授2012年在《体育文化建设三题》所言："后发外生型的中国体育在本国从未获得体育本体价值的普遍社会认同，不好运动而且偏爱心智娱乐的文化传统，社会支持体育圈子规则的某些不良习惯是阻碍中国体育文化建设的主要因素。"

2. 体育文化之殇的发酵与嬗变

由于复杂的历史和现实原因，我国体育文化建设大抵可分为四个阶段：中华人民共和国成立初期至20世纪60年代；20世纪60年代初至80年代末；20世纪90年代至21世纪初；2011年至今。其中，文化建设只在两个时段发展比较充分：一是20世纪50年代初到60年代初，大约七八年。这一时段，在"劳卫制"的推动下，全国各地轰轰烈烈地开展"劳卫制"活动，留下了一段段民众当中很有影响力的动人事迹和"人生能有几回搏"等激励人心的壮语，涌现出吴传玉、陈镜开、郑凤荣和中国乒乓球队等榜样，体育文化与经济社会发展同步，中华体育精神得到充分体现，具有鲜明并超越体育领域的社会正能量。二是20世纪80年代初期到90年代初期，大约十年。这一时段，"女排精神""志行风格"形成中国体育看得见摸得着的文化具象，涌现出李宁、郎平、容志行、许海峰、高敏等妇孺皆知的体育明星，体育成了许多文化形式的创作题材，体育成就在时代重大事件中占有突出位置，"团结起来，振兴中华""冲出亚洲，走向世界"成为时代振聋发聩的流行语。

20世纪90年代初期至21世纪初是体育文化发展迟滞时期。我国体育的发展过程是起伏间或的，受客观环境的影响和主观认识的摇摆，体育文化兴盛并不是总能得到充分重视。20世纪90年代开始，随着改革开放带来的外部条件急剧变化，经济条件的改善、竞争机制的运行，使原有的文化内涵受到冲击。在精神与物质、利益与境界等矛盾交织的社会背景下，体育迅速从运动竞技、大众健身拓展，延伸到体育经济、体育文化等日新月异的门类，开始陷进了过分追求体育之"用"而不见"人"的局面，一改20世纪50年代初之"发展体育运动，增强人民体质"的初衷，功利意识逐渐占据了主导地位，金牌战略牢牢地占据体育发展几十年来的主流和主导地位，导致了体育方向性的偏离偏重，体育文化被逐渐湮没，体育新闻传播也很快由活跃进入无序、低俗，甚至造假，以致步入歧途。

在这个时段中，“两去化”现象尤其显得突出，成为最主要的特征。所谓的“两去化”，是指“去传统化”和“去文化化”现象。到了2010年前后，“去传统化”达到高潮。传统体育首先被清理出学校，无论体育课程、课余体育活动或者是体育竞赛，已经难得一见传统体育项目的踪影；群众体育方面，职能部门除了面子工程和宣传点缀需要外，除了偶尔组织一些所谓的大型武术、腰鼓、太极、龙舟等竞赛和表演外，基本上放弃了传统体育的传承与弘扬规划以及组织实施，任凭其在民间自息自流；职业体育方面，除了武术之外，几十年来更是没有传统体育的一席之地。传统体育的被抛弃和衰落，不可避免地导致传统体育文化和思想的丢失和逐渐湮没，导致了体育的畸形发展，在一味追求现代，追求时尚，追求“更高更快更强”的非理性追功逐利中，“去文化化”倾向甚嚣尘上，体育文化建设被认为“无用”而不被重视，其建设逐渐滞后、停滞乃至被边缘化。“两去化”现象一直到2012年前后，由于国家全面建成小康社会战略的提出和部署实施，建设文化强国目标的提出，以及建设体育强国战略的提出，才引起体育界精英的反省和思考。

历史车轮驶到2011年，终于迎来了体育文化建设的新纪年。更具有象征意义的事件是，我国体育界成功举办了首届全国体育文化工作会议，“文化”前所未有地成为一个年度关键词，《关于加强体育文化建设的意见》也得以在2012年发布。早在北京获得2008年奥运会举办权后，人文奥运理念的提出及其实施已经引起了广泛关注。人文奥运的研究，及其所取得的十分有价值的成果，不但展示了中国文化对丰富奥林匹克文化的巨大价值，而且极大地促进和带动了对体育文化的研究和实践探索，使我国体育文化建设基于北京奥运的成功和体育强国的契合进入一个新的历史阶段。

仅就建设体育强国而言，衡量一国是否为“世界体育强国”，无非看其整体体育发展水平是否符合四大标准：群众体育发展水平(体育人口的多少)、体育产业的强弱(包括职业联赛发展水平)、竞技运动的成绩以及体育文化建设的水平。我国体育强国战略目标的实现，不仅要有高水平的群众体育基础、杰出的职业体育成绩、发达的体育产业，还要有厚重强大的体育文化软实力。就体育文化的价值而言，体育主要具有“四大”价值。即凝聚价值、传播价值、经济价值、激励价值。体育的凝聚价值：首先通过运动参与可以引导国人追求和树立共同的价值理念——健康生活，从运动开始；其次，通过运动参与可以增强国民自尊心、自豪感、认同感；最后，运动参与可以增进人际交往交流，激发亲和意识，它对人的集聚、凝合、亲和作用是其他活动无法比拟的。体育的传播价值：体育作为一种通行世界的工具，具有特殊的人文价值和人文播迁功能。同时体育也是一种传播手段，成为传播人类优秀文化的重要窗口和载体。体育的经济价值：体育蕴含着丰富的经济功能和撬动功能。体育产业作为国际公认的21世纪最具活力，是具有高渗透性、交叉性、拉动性的朝阳产业、健康产业、绿色产业，集经济生产力、文化传播力、社会亲和力和政治影响力于一身，逐渐成为我国经济转型升级和持续健康发展的新亮点。由于体育具有竞赛、表演、健身、娱乐、休闲的特点，所以能够推动文化、商业、旅游、新闻出版、餐饮、创意等行业的发展，这使得大量的从业人员能够从体育服务和消费中获得收入，创造财富。体育的激励价值：体育本身就是一种社会文化实践活动，其激励作用更多地体现为一种内在精神上的需求、鼓舞与砥砺，可以发挥一般物质激励所不能达不到的效果。无论是重在参与和“更高、更快、更强”的奥林匹克精神，还是倡导没有歧视、团结、友谊、公平竞争的生活体育，还是养生、养德、养心的体验体育，这既是对人们身心素质提出的一种基本要求，又是人们精神生活的一种体现，同时关注了人的生存、发展以及人类终极价值目标的实现。

显然，文化乃是体育真义之本，是体育的灵魂。文化丢了，体育的灵魂也就失去了，这就会违背体育的内在发展规律；文化丢了，体育的质性价值就得不到广泛的认同，就会失去大众体育参与的土壤；文化丢了，没有灵魂的体育也是危险的，形同一头没有理性的怪兽，在偏离体育本义的道路上，一味追求金牌、追求利益、追求竞技水平，置体育道德、体育精神、传统传承、文化传承、责任担当于不顾，直至从悬崖滑落。

目前，我国体育的现状是，体育的比较价值得到比较充分的彰显，获得社会比较广泛的认同认可，但其无形的质性价值，尤其是文化价值被严重削弱、消弭，作用被严重低估，导致其内在结构失调，群众体育、学校体育和职业体育关系僵化、割裂，违背了体育的初衷和天性，这也是体育目前无法担当和担负全面建成小康社会建设要求的根本原因。总之，正如汪大昭在《体育文化内涵要传承还要创新》一文所言：“没有文化的体育是野蛮的、有缺陷的，甚至是危险的。加强体育文化建设，要学习和借鉴一切优秀成果，更要靠自身不懈积淀，不能指望通过‘快餐’速成。”概言之，全面建成小康社会，体育和健康在大众当中受到空前重视。我国体育到了必须以文化内涵作为持续发展主要动力的时代，我国的体育建设首在文化，要实现相应的担当担负，必须转变观念，一以贯之，把文化建设摆在首要位置。

三、结论与建议

正如上文所言，体育的发展与改革离不开社会建设这个大平台，离开了社会建设，体育成为无源之水、无本之木，焉能生存？总而言之，体育作为一种复杂的社会文化现象，只有融入社会建设当中，才能激发活力，才能发挥出应有的作用，立身于社会。在当下，“十三五”时期全面建成小康社会是举国共识，体育唯有牢牢地抓住这个历史性的黄金机遇，创造更大的发展空间，推动自身深度改革，去矛除弊，培育新力，才有可能乘势而上，建设新体育，实现战略性转型，更好地服务国民的身心健康和全面发展，有机融入小康社会建设的洪流之中，屹立于社会。

体育要担负全面建成小康社会和社会主义文化强国之责，实现体育强国目标，首先要有根脉文化观念，这个根脉就要从中国的传统文化出发，只有从武术和内涵丰富的“三民体育”(即民族体育、民间体育和民俗体育)入眼，才能更好地了解我国传统体育，发现我国体育的独到和博大之处，树立走中国特色社会主义道路。

其次要树立“凡益之道，与时偕行”的发展理念，坚持古今、中西均“为我所用”和“古为今用”的基本方向，文化建设既要避免唯现代，也要避免唯传统，既要发掘传承，又要吸纳创新。既要继承、弘扬中华民族优秀传统体育文化，也要吸收、借鉴国外优秀的体育文化。在发展民族体育的同时又要不断发展现代体育；在着力挖掘民族体育文化遗产、甄别继承的基础上，又要推进传统体育的创新，形成符合时代需求的新体育文化基因和元素。体育文化最终有自己的特点，有自己的魅力和文化影响力，形成自己的体育文化风格。

第四节　基于文化自信建构我国学校的体育自觉

一、问题的提出

近年来，我国学校体育渐成众矢之的，遭到围观，饱受争议和指责，大有危机围城之势。引爆学校体育危机的原因很简单，无非是多年来国家的体质健康监测结果发现，我国青少年学生体质素质不进反退，逐年下降，难以遏止，陷入弱化状态。如此局面下，由于关乎自家子女的健康，还考量到对学习的影响，家长们自然紧张起来，引发了以庞大家长群体为主体的社会民众的强烈担忧和大声质疑，舆情的弥漫和积累很快造成了危机围城的事像。显然，这也在很大程度上为学校体育敲响了警钟。研究认为，警钟敲得恰逢其时。自 2001 年全国学校体育课程与教学改革拉开大幕以来，历时十余年了，正是需要检视和回头看的时候。总体来说，学校体育的变化和进步是有目共睹的。但也存在和产生了一些问题和矛盾，尤其是隐藏在背后的深层次问题和积弊，难以为人发现而被关注。这正是问题的症结和有识之士忧虑之所在。学校体育如若不能够及时趁早深挖积弊，清除积垢，终究伤害的不只是青少年学生体质素质，乃至体育养成，也将不可避免地伤及学校体育本身及体育人。据研究详考发现，撇开非主要问题不谈，目前学校体育存在三大比较隐蔽的较深层次的问题：一是学校体育失本我而失养成，二是失传统而失灵魂，三是失文化而失地位。假以时日，学校体育若不能很好地回答和解决好上述问题，进一步偏离体育真义，其情则真危矣。反之，学校体育振兴可期，青少年体质健康水平的提升将走向可持续的良性发展轨道，问题自然也就迎刃而解。

二、研究方法

以学校体育为研究对象，主要采用观察法、文献研究法、定性分析法、经验总结法等开展研究。对所涉问题，更多的是从历史文化的视角寻求答案，并加以时代的新内涵、新要求，以此来创新建构。

三、结果与分析及讨论与设想

1. 结果与分析

学校体育积弊了三大比较深层次的问题，并非偶然，也非朝夕可致。遍览典籍，究其原因，主要有三个方面的发现，依次呈现。

(1)学校育人体系顶层设计不健全。顶层设计没有对学校体育的作用加以重视，相反，严重低估了体育养成的作用，置学校体育于边缘化的境地，为体育养成之失埋下了祸根。个中原因，耐人寻味，非三言两语可以厘清。简单地说，是学校体育真义丢失、文化丢失、话语权丢失导致的后果之一。

(2)学校体育课程设计人为偏谬。课程设计片面地理解“健康第一”指导思想，简单地把“体质健康”等同“健康”，从思想源头上阉割了体育养成的全面性、完整性，取其单一性而为，为教学活动实施实践埋下了养成不足的隐患。人为偏谬的根本原因是不知本而失本我。体育之本我，在于育体。通俗地讲，育体就是养身、养心、养德、养生“四养”并举，不可偏废。“四养并举”之实现，所谓体育养成才成矣。

(3)体育课程与教学活动的实施实践存在严重偏误。体育课程与教学历经十余年的改革洗礼，近年来生气呈现，不容置疑：教学设计多元了，组织管理灵活了，学习方法丰富了，考核评价改进了，大课间活跃起来了，资源供给多了，青少年学生运动时间明显增加了……但是，问题和矛盾也在积累发酵，尤其是“四去化”及其导致的“去运动化”倾向，值得高度关注和研究消弭。

所谓“四去化”，是指在体育课程与教学活动过程中，由于各种原因而出现的“去技术化”“去项目化”“去传统化”和“去文化化”等有悖常理常规的行为现象。

①“去技术化”倾向明显。教师在教学活动中淡化运动技术的传授和学习，不做要求，一味要求学生能“动”起来就行。这种现象正变得普遍。没有技术学习与要求的教学活动，犹如金子没有含金量，其之虚空终究被受众唾弃。

②“去项目化”倾向明显。组织与实施教学活动，离不开运动项目，这是很浅显的道理。但是，目前可供师生选择的运动项目越来越少了，但凡可能给青少年学生带来危险的运动项目都被排除出教学清单。不用说刀枪棍棒类危险性较大的运动项目，就连器械体操类运动项目的设施也被拆除清理了。

③“去传统化”倾向严重。校园的体育活动中，武术不见了，体操也销声匿迹了，气功、太极、八卦、导引术更难觅踪影，骑射、角力、摔跤、蹴鞠早已经穿越回了古代。伴随古代文明成长而积累的、遗存丰富的传统体育项目，被认为不合时宜，无情地被抛弃了。失去传统体育的学校体育，是没有自己灵魂的体育，更是不完整的体育。道理很简单，却少有人用心思考。

④“去文化化”倾向严重。“去民族文化化”尤甚。学校体育文化建设几乎处于事实上的停滞，无人关注，亦无人问津。要么建无可建，要么建而无用。一种观点是：全面全盘西式化的所谓现代学校体育，确因其道行浅、基因不符、能“用”即可而不必大费周章。另一种观点是：全盘西化的学校体育，因无传统体育文化和思想的立锥之地，用不着费力建设。缺少文化浸润滋养的学校体育，在学校育人体系中还能留存多少话语权呢！

综上所述，我国学校体育没有做好自己的事情，没有能够很好地融入学校育人体系，教学实践片面地以“体质健康第一”代替“健康第一”，课程与教学活动不同程度地存在“四去化”现象，导致“去运动化”现象严重，严重违背了体育的天性和初衷，最后导致青少年学生体育养成受损失效，这样，学校体育失心、失人、失势，危机围城就不足为奇了。

2. 讨论与设想

(1)讨论。通过上述分析，对目前学校体育三大积弊的本末终始，有了比较清楚的认识。学校体育何去何从？能否知所先后而近道，倒是值得体育人用心细细思量。依研究观察：2015年年底教育部发布的2014年青少年学生体质与健康状况向好的告示，并没有改变危机的基本局面，三大积弊也不会坐等消失，仍然存在。怎么办？学校体育唯有进一步以深化课程与教学改革为动力，按照“打造新动力，建设新体育”的思路，精准实施体育自觉战略，以文化的视觉构建体育自觉，躬耕体育自觉，方能实现学校体育之真义，进而救赎突围孕育新力。

只有体育自觉，才可能造就学校体育的文化自觉、知本自觉、诚意自觉和行为自觉，才有可能养就自觉的体育人和受众学生，才能够砥砺改进和完善学校育人体系，匡正“健康第一”指导思想，改进和完善课程与教学活动全过程，避免教学活动简单化、格式化、碎片化行为，纠正“四去化”现象乃至“去运动化”逆袭，才有可能持续刺激青少年学生体育天性和潜力的迸发，增强其过程参与的体验感和获得感，开发其运动参与新的内驱力。只有比较有效地解决目前学校体育积弊的三大深层次问题，才有可能实现体育养成之功，实现真义之体育，造就新体育。

反之，如若没有体育自觉，就没有体育人(包括体育受众)穷究学校体育本末和知所先后的动力，责任意识、担当意识乃至自信心容易受到各种干扰、腐蚀侵害而退化退缩，以致消失，导致消极应对学校体育边缘化、漠视校园体育文化建设、懈怠体育课程与教学改革、疏以教学过程管理、放任“去运动化”等一系列问题，导致体育养而无成，危机也就伴生了。

(2)设想。学校体育之真义(本我)，在于促进人的全面发展。体育自觉既然与学校体育之真义密不可分，彰显其体育养成之首用的特征。那么，体育自觉如何建构？又如何之躬耕？课题之新，有待众人全面而深入的研究。研究则尝试解之，抛砖引玉。

①所谓体育自觉，是指以实现体育真义为目的和追求的自觉集合体，是人类进化的成果。体育自觉，首先是文化自觉，其次是知本自觉，其三是诚意自觉，其四是行动自觉。体育自觉的集合要素中，文化自觉是灵魂、根脉。知本自觉是关键，是诚意自觉的前提，也是行动自觉的底气。诚意自觉是行动自觉的基础。文化自觉是行动自觉的内驱力源泉。各维自觉环环相扣，守望相助，自成一体，生成体育自觉之道。

体育自觉整体构架及其核心思想来源于《礼记·大学》中的基本思想。比如，《大学》开篇之《经述》曰："物格而后知至；知至而后意诚；意诚而后心正；心正而后修身……"各维自觉的思想来源于历朝历代圣贤乃至民众的劳动实践智慧。比如孔子提倡的"文武兼备"体育思想；著名教育家蔡元培先生的"健全人格，首要体育"的思想；毛泽东主席的"体育是三需要"的思想等。

文化自觉的实现，需以文化之，以深厚的传统文化熏陶之，以文化自信养之。否则，"信不足焉，有不信焉"，无以为立，学校体育终将失掉文化之气，特别是失去民族文化根脉之气，如古人所云"气三鼓而竭"。目前学校体育环境与氛围恶劣，就是典型的无文化自觉被边缘化的活生生的例子。

知本自觉的实现，需以学穷究(所谓格物致知、穷究知本)，以知识自信养之。否则，知不足而后偏，偏而后谬。学校教育乃至全社会严重低估体育养成的作用，不知本而只一味鼓噪，短视而自酿青少年体育养成不足的苦果，就是最好的说明。

诚意自觉的实现，需以知育之，以诚意自信养之。否则，无诚意而心不正，心不正则行偏。近年来学校体育的大改革、大建构，鼓与呼者均响应不足，上行而下不效，这是典型的体育人乃至受众者诚意不足的表现。

行动自觉的实现，需以身修之，以体育自信养之。否则，体验不足而生惰，无养成而失内驱力。青少年体质素质持续下降，实由不信体育、内驱力不足、行为生惰造成，这正是行动自觉缺失的典型表现。

②特别需要指出的是，建构体育自觉，目前面临最现实的问题是学校体育文化自信的缺失。颇具讽刺的是，大多数中国

人包括体育人眼里，只有百来年历史文化积淀的舶来体育，即现代学校体育，视西式体育文化为唯一，忘却了自身乃是世界“四大文明古国”迄今硕果仅存的中华文明之国，忘却了其上下五千年积淀的丰厚博雅的传统体育及其思想文化，让老祖宗和众多圣贤情何以堪？中国学校传统体育，自古有之，其起源可上溯至商周朝，乃至更早，绵延几千年，直至清末民初。体育思想更是众星璀璨，儒释道百家争鸣。究其起源，我国古籍《周礼·地官司徒》记载：“保氏……养国子以道，乃教之六艺。”“六艺”即礼、乐、射、御、书、数，其中射(射箭)、御(驾车)是属于体育的内容。《庄子·刻意》记载：“吹响呼吸，吐故纳新，熊经鸟申，为寿而已矣。”其中描绘的“熊经鸟申”，就是起源于春秋战国时期一种导引养生之法，即我国最早的仿生体操(养生体操)。当然，纳入育人体系视野，影响最为深远的，是孔子“文武兼备”的体育思想。孔圣人在《论语·八佾篇》曰：“君子无所争，必也射乎！揖让而升，下而饮。其争也君子。”他强调指出了君子的培养，理应礼乐与射御的有机结合，不可缺一。《史记·四部备要》记述：“孔子：‘有文事者必有武备，有武事者必有文备’。”此后，“文武兼备”以育人的伟大教育指导思想，也成为中国传统体育首屈一指的指导思想而绽放光芒，至今还在启迪后人。孔子的养生思想也颇丰富，比如“不时不食”“肉虽多，不使胜食气”“唯酒无量，不及乱”“食不语，寝不言”“色恶，不食；臭恶，不食”等。此外，儒家继承人孟子提出了“以动健身”的体育思想；道家老子提出了“法道、贵柔、守静”的体育思想；墨家墨子提出了“尚力”的体育思想。学校传统体育发展纳入国家人才选拔发展轨道，纳入人才培养体系，并赋予其国家战略的里程碑事件，发生在唐朝武则天时期，唐代的尚武之风产生了“武举制”，一举奠定了传统体育在教育中的地位。武举制一直延续到清末，影响着国家对人才选拔所实施的双轨制度，这对后世人的影响是无与伦比的，显示出体育之功不仅仅可以育体养人，更能够保家卫国，光耀家国。

试问，我国学校体育如若对老祖宗遗留的博大精深、丰富多元的体育与文化禀赋视而不见，闻而不动，愧对老祖宗不说，拿什么来建立文化自信？失去传统文化基因的学校体育，如何能够在全盘西化的所谓现代学校体育中有立锥之地，更别妄谈融入学校育人体系了。

四、结论

我国学校体育发展进程中，现阶段面临的最大问题和挑战是：学校体育失本我而失养成，失传统而失灵魂，失文化而失地位。破解危机围城之青少年体质素质持续下降的问题，仅仅只是体育养成一个部分的具体事项而已。

我国学校体育的救赎，要以“中体西用，中纲西目”为本，走具有中国特色的学校体育道路，以深化课程改革为动力，精准实施体育自觉战略，以文化的视角构建体育自觉，躬耕体育自觉，中西并重，现代与传统并重，尤其要善待传统体育与文化。一方面，着力挖掘传统体育文化资源的精华为我所用；另一方面，在汲取传统体育文化精神的基础上，赋予其极具时代性、现实性的新含义，造就学校体育文化新基因、新环境、新局面，建构体育人乃至全体受众的体育自觉，修己达人，实现体育之真义，振兴学校体育。

第五节 “健康中国”建设视角下儿童青少年运动不足的国家治理

一、引言

在“健康中国”建设的大背景下，我国儿童青少年由于运动不足产生的社会负面影响，以及正在或将来要付出的巨大代价，正从个人到国家的两个层面得到全社会的深度审视和警惕，拷问社会的良知与责任。

儿童青少年是民族和国家的未来，“少年强则国强，少年弱则国弱”。因此，关注自己民族，关注国民尤其是儿童青少年一代的身体素质健康，是具有战略眼光政府的应有之意。颇具讽刺意味的是，我国在世界各大体育赛会上，成绩遥遥领先于亚洲甚至世界，但我国青少年体质却在不断下降。生命在于运动，生命的质量在于健康，由于运动不足而导致儿童青少年体质下降，其健康受到影响，是目前我国儿童青少年成长过程中普遍存在的现象，让人忧心。何谓运动不足？通常认为，一个人每周至少参加 5 次中等强度或者 3 次高强度的体育活动，每次时间不少于 30 分钟。少于这个指标就叫作运动不足。按此国际标准，目前我国儿童青少年超过九成运动不足，并由此衍生出各种健康问题。对此，我们必须清醒地意识到：儿童青少年体质健康事关一个国家、一个民族的整体素质，也影响着国家未来的竞争力。因为，没有健康的身体就没有所谓的事业，没有健康的身体，就做不成所谓的事业。显然，我国儿童青少年由于运动不足导致的体质健康下降乃至健康弱化问题，正在侵蚀和弱化我国经济社会发展几十载积累的得之不易的成果，成为"健康中国"建设的薄弱一环，理应成为全民关注的重点，警钟长鸣，我们应将其上升到国家的战略层面，进行精准施策，让体育回归初心，让学校体育回归初心，方为上上之道。

二、我国儿童青少年运动不足的态势、现状及其危害

1. 目前全球范围内运动不足的态势

运动不足已经成为全世界各个国家和不同地区人群的常态，是人类文明进步和历史发展面临的共同问题和挑战，我国也不例外。

根据美国学者 Harold Kohl Ⅲ的研究，全球正处于"运动不足的大流行期"。根据其发表在《柳叶刀》的研究成果，目前，中国等发展中国家或地区的慢性病负担已经远超传染性疾病负担，而且认为运动不足是慢性病的关键病因之一。对于运动不足对健康造成的严重影响或危害究竟有多大，巴西学者 Pedro Hallal 等开展的最新研究显示，全球约 30%的成年人和 80%的青少年缺乏身体锻炼，导致每年约 530 万人死亡，与吸烟致死人数相似，可谓触目惊心。至于运动不足的程度，巴西学者 Pedro Hallal 等研究者对全球 122 个国家成年人和 105 个国家青少年的体力活动水平进行分析后发现，全球约 15 亿的成年人(占比 31.1%)几乎整天坐着不动，每周中等强度的运动未能达到 150 分钟。其进一步分析发现，青少年的情况似乎更糟，全球 13～15 岁的青少年中，有超过八成未达到应有的每天中等至

强烈的体力活动60分钟的运动量，其中女孩的运动量更少。可见，“运动不足”是全球性的流行病，发展中国家或地区尤为突出，其危害是巨大的。

2. 我国儿童青少年运动不足的现状

我国儿童青少年运动不足的情况尤甚，整体上呈现下滑态势，并没有从根本上得到有效的遏制。有关研究显示：我国1991年到2009年18年间，国民体育活动强度下降了45%。从2009年发布的《第三次我国城乡居民体育参与状况调查》的结果看，如果不含6至19岁儿童青少年人群，我国20至69岁城乡居民经常参加体育锻炼的人数比例只有28.2%。据此计算，我国的体育人口，如果不算在校学生，仅有28.2%，连发达国家的一半水平都没有。根据2014年健身人群体质抽测调查结果显示，6～19岁儿童青少年，每周运动达到3次以上1小时中到大强度的比例仅有8.9%，而且高达38.5%的儿童青少年运动强度小。20～69岁城乡居民，每周运动3次以上30分钟中等强度的比例为31.2%(含6至19岁儿童青少年人群)。根据上述权威数据和轨迹研判，按国际标准，我国超过七成的成年人运动不足，未达到应有的每周运动3次以上30分钟中等强度的运动量。尤其是青少年，其超过九成运动不足，未达到应有的每天中等至强烈的体力活动60分钟的运动量，充分显露出令人不安的“去运动化”大流行期趋势。人们不仅要问，儿童青少年“去运动化”挤掉的锻炼时间都用到哪儿了呢？原卫生部发布的《“健康中国2020”战略研究报告》指出，我国18岁及以上居民平均每日有4.6小时用于阅读、看电视、使用电脑等静态行为，18～29岁静坐行为时间最长5.4小时，并随年龄增长呈现上升的趋势。此外，根据中国教育科学研究院所做的一项调查发现：幼儿园阶段，80%以上的家长最关心的是孩子会不会计算、认识多少字；中小学阶段，60%～70%的家长从不带孩子锻炼。据此得出令人警醒的结论：对于肥胖儿童青少年的家长而言，运动还远远不是生活的“必需品”。可以推断，这样日积月累付出的“成本”，最终还是由儿童青少年自己的身体、生活以更大代价偿还的。

3. 运动不足对我国儿童青少年的危害

进一步梳理发现，运动不足的影响不仅是经济层面的，必须从个体和国家两个层面去审视。对于青少年来说，运动量和强度达不到一定负荷，无法对身体发育产生刺激作用，不利于青少年的健康成长。《中国儿童少年营养与健康报告 2015》明确指出：“运动不足是目前慢性病年轻化和爆发式增长以及关节退行性病变等疾病流行的重要原因之一，严重影响青少年的终身健康。”更深层次而论，运动不足不但可以导致非传染性和精神类疾病，而且更可以直接或间接影响人的器质性健康。可以说，缺乏运动和锻炼对健康的危害不亚于高血压、高胆固醇、糖尿病以及咽炎。可见，对儿童青少年而言，运动不足付出的“成本”必定是高昂的，最终还是由自己的身体、生活以更大的代价偿还。就国家层面而言，代价也是高昂的。

三、我国儿童青少年运动不足的深层次原因与分析

1. 目前学校体育治理的方式本身产生更多的运动不足

2007 年中共中央国务院发布《关于加强青少年体育增强青少年体质的意见》已经十多年了，儿童青少年体质健康的持续性下降并没有得到根本的改变，虽然近年来取得了“向好”的态势，事实上运动不足现象却越来越盛，而且有蔓延的态势，这与“电子奴隶”现象形成了鲜明对比。对此，我国教育界和体育界同行们不可谓不重视和努力，但为什么却一直处于被动的反应和被动的局面呢？其中缘由令人反省和深思。

从国家治理的视角审视，要有效根除儿童青少年运动不足的现状，必须回到运动不足产生和发展的根源来厘清问题。从民族和文化因素看，运动不足有其悠久的历史和文化沉淀。但要理解今天所面临的运动不足的局面，则无须回到很久远的历史中，而是看看改革开放以来我国学校的发展历程，就足以知道问题出在了哪里。

一语中的，学校体育治理的方式本身产生着更多的运动不足，体育本身成为新的运动不足生成的温床。如果不能跳出这个恶性循环，那么运动不足现象将会在高度智能化社会的进程中进一步发酵和扩展，儿童青少年体质健康的持续下降将成为新一轮的常态和越来越没有扭转的希望。

时至今日，大家不禁要问，为什么会成堆出现体育失败的

学校？在我国，体育失败的学校一直被视为儿童青少年体质健康下降的根本背景，问题在于：学校体育为什么会失败？

在这方面，学校首先要负主要的责任。中央 7 号文件之后，各级学校在各级职能部门的指导和督促下，开始推行“硬软”两大方面增强儿童青少年体质的计划。首先是“硬”的，实施硬性制度，用硬性制度和法规推动学校体育的课程与教学改革、文化建设以及基础设施设备建设，强力实施《国家学生体质健康标准》、“阳光体育运动”、“大课间体育”、“一校一品项目”，规定开足体育课、每天锻炼 1 小时等。其次是“软”的，即凭借新体育课改和“互联网＋教育”推动学校体育资源形态、教学形态、学校形态和社会形态的转变。如学习科学指导下及“互联网＋信息技术”支持下的智慧环境变革、课程开放变革、教学范式变革、学习方式变革、评价模式变革、教育管理变革、教师发展变革乃至学校组织变革，从而构建学校体育新的业务流程，引进和推广“微课”“慕课”“翻转课堂”等新课题、新形式，实现灵活、开放、终身、个性化的体育新生态。

用硬性制度和法规推动学校体育的发展，在一定的阶段不但表现为必然，而且可以取得长足的成效，这是没有疑问的。但是人们不能简单地认为制度和法规可以一劳永逸地从根本上解决问题，否则就可能犯错，迟滞问题的解决。同理，学校体育的发展方式不是用硬性制度和法规就能够彻底改变的，这需要运用历史唯物主义辩证地看问题，否则很可能导致方向性的错误而难以挽回，这是有历史教训的。用“软”的方式因此也成为必然，但是“软”的方式也有其局限的一面。因此必须“软”“硬”并施，识表象，抓根本，标本兼治。可惜的是，我国自 2001 年开始试验和推行的“体育与健康课程与教学新课标”，仅仅出于简单的课程意识和一味追随大教育的改革初衷来考量，而非基于“大学校体育”的做法，导致事倍功半。因此“新课标”的实施尽管还不能说事与愿违，但离体育本身禀赋的核心作用差距甚远。事实上，目前“新课标”仍未能在全国范围内推行，尤其在偏远地区和山区学校，乃至部分城镇学校，所谓旧体育被推倒或者弱化之后，所出现的不是国家和社会所希望的新学校体育，而是体育失败的学校。更加糟糕的是，一些不明就里的地方到处模仿和推行“快乐体育”“游戏体育”“自由体育”等，也在制造更多的体育失败学校。

实际情况是，儿童青少年是由各个地区成千上万的学校集合起来的。当每个区域、每个学校都能够不折不扣地落实国家和政府的学校体育政策和措施的时候，从道理上讲，儿童青少年的体质是能够按部就班不断提升的，除非出现方向性错误；但是当条件不成熟或资源缺乏的学校达到相当数量且变得极其分散的时候，体育失败学校就像是散落天上的星星，就算国家和政府动用巨力来“盯”住此类学校的体育实施，也不可能做到全覆盖，除非建立全天候的监察体系。就目前来说，这种全天候的体系没有建立起来，而资源匮乏的学校却不断增多，这样，儿童青少年运动不足显然难以避免。这就说明，仅仅依靠政府的力量，去打赢根治儿童青少年运动不足问题的战役是不现实的。这也是这些年来，我国各级学校视儿童青少年运动不足现象为常态的根源。

2. 中西体育及其整合的失败

仅仅依赖政府不可能完全取得根治儿童青少年运动不足的胜利，这表明运动不足的盛行不仅仅是学校体育的失败，更是体育的失败，明确地说，是中西两种体育及其文化整合的失败。可以从如下几个主要方面来审视。

首先是体育文化整合的失败。在我国，体育是复合体，具有不同于西方国家的特殊性。所谓特殊性，是指我国既有历史悠久的传统体育和传统体育历史文化，又有源自西方舶来的现代体育及其文化，而且，西方现代体育凭借“奥运会”魅力和“更高、更快、更强”的宗旨和理念，得以迅速在中国大地扎根流布，占据了绝对地位。因此，在现代社会，西方体育占据了绝对的优势，我国传统体育被挤压至边缘地位。这自然导致了我国“传统体育”与“现代体育”的某种对峙与矛盾。中国传统体育是基于“天行健，君子以自强不息”的天生服务于人的身心，达到“强身健体”和“修身养性”的活动。诸如武术类，是讲究“不打而屈人之兵”，以切磋和娱乐为出发点。可见，中西体育完全是产生于两种不同文化之下的体育形态。

近几十年来，秉持改革开放和打造人类命运共同体理念的中国，大力提倡多元文化或者文化多元主义，也希望多元体育和体育多元文化可以融合共存，生成更具人类共有价值的大体育文化，分享中国传统体育，造福人类健康。但这仅仅是理想，要转化成有效的现实非常困难。从数十年的历史来看，体育文化多元主义成功的可能性已经存在，必将造就某种意义上的中国范式。这种范式就是，无论是传统体育还是现代体育，无论中西体育，既“同而和”，又“和而不同”，融为一体。

可以预见，西方现代体育的大潮虽然会在一个相当长的时期内对当下乃至未来的中国体育造成冲击，但是，如果现代体育能够有效地被吸纳和整合，那么我国体育将改变世界体育的文化和体育版图。从历史经验看，在这个过程中，很难避免或长期或暂时的矛盾和冲突，但前景一定是中西合一。

其次是体育政策及其整合的失效。改革开放以来，我国的体育政策(包括学校体育政策)本身是没有问题的，其所彰显的顶层设计基本是正确的。问题在于：一是我国的体育政策并不是一以贯之的，不同阶段有不同的导向、指挥棒和说法，变化无序，又比较频繁，没有连贯性和体系化，合理性和适应性更值得商榷，导致学校落地操作难，衔接不畅，容易引发新问题。二是我国社会体育政策与学校体育并不是一体的，各有各的主体和主旨，各有各的管理部门和职能所在；两个系统既相互独立，又存在一定程度的交叉，既有延伸支持，更有藩篱界限，相互掣肘。体系间的代沟和裂隙较大，缺乏协同联动，导致了学校体育与社会体育长期的分离与脱节。三是学校体育的施策一直以来缺乏有效的统一监测与绩效评价，这导致每个学校对政策措施的解读和实施不尽一致，各自为政，显然难以收到理想的效果。很显然，尽管我国有比较完善的学校体育政策和法规，但是有关政策和法规显然并没有完全延伸到相关的学校个体或者延伸不足。

无论是中西体育的整合，还是两种体育文化的整合，或是政策的整合，最终的目的和归宿，都是造福儿童青少年的身心健康发展，而且，国家和政府关注儿童青少年体质健康下降的问题已经有不少年头了，全面铺开和推进体育课改也已进行十余年了，业界和学界完全可以从这些年的课改中学到很多的经验和教训。但是，就当下而言，儿童青少年体质健康的持续下滑和运动不足越发盛行，表明中国人并没有深刻地总结经验教训。相反，很多无效甚至是错误的政策的实施导致体育失败学校的不断增加，显然此类学校本身在为运动不足的发酵提供土壤，成为恶性循环，值得警惕。

3. 中国儿童青少年运动不足的民族秉性印记

国之所在，民性使然。从传统文化看中国人的日常生活——以静为本，遂有着喜静不喜动的国民性格，这种国民性格使中国人缺乏旺盛的肢体活动欲，在参加体育活动方面存在着极大的惰性，导致人们对待身体保健的态度，有着明显的重养生轻锻炼的倾向。不容忽视的是，在文化传统方面，我国民众的运动不足有其悠久的历史，世俗下的道家、佛家、儒家均秉承“静养”的理念，故我国相对静态的社会特征约束了国民的运动思想和行为。儿童青少年也不例外，其运动不足的传统是一脉相承的，受民族秉性的影响，受父母的传统思想的影响，这与西方社会粗犷的个人主义思想和物质价值观使全社会都推崇体育运动有很大的差别。

四、扭转儿童青少年运动不足的国家治理之策

在走向新时代的召唤下，在“健康中国”建设的要求下，无论是从国家社会还是鲜活的个体层面，无论基于精神层面还是社会经济和物质层面，扭转儿童青少年运动不足的逻辑和动力显而易见。“运动规划”研究推算认为，积极参与体育运动的儿童，在其一生中可能具有运动不足儿童不可比拟的一些优势，在同样条件下，发展成肥胖者的机会只有运动不足儿童的 1/10；考试成绩可能提高 40%；一生的收入比别人多出 7%～8%；平均寿命可能增加 5 年。仅此管窥，对于儿童青少年运动不足的治理，理应自觉上升到国家战略层面精准施策，扎根每一个家庭，奠定民族和国家未来发展之基石。

1. 深入推进“健康中国”建设，建构运动健康型社会，夯实社会体育基础，是根治儿童青少年运动不足的根本

一句话，如果说儿童青少年运动不足成为常态，那么我们所生活于此的这个社会就不再是常态了。需要我们的社会重返

常态，就必须从根本上扭转儿童青少年运动不足的现象。显然，运动不足的治理任重而道远，不可能一蹴而就，更不能拖沓等待。

将体育纳入“健康中国”建设中，是中国社会的又一历史性巨大进步，是体育应该前置的题中应有之义，突显出“没有全民健康，就没有全面小康”的深刻内涵。“健康中国”建设的中心是国民，重点是未来国家和民族主人的儿童青少年，这决定了在“健康中国”建设的整个过程中，都要重点并始终坚持把儿童青少年的健康作为发展的价值指向和最终目的，让儿童青少年有越来越多切身的健康获得感。如果只是把“健康中国”简单理解为解决看病和就医问题，就很难从根源上增强国民体质和提高儿童青少年体质健康水平。对此，我们更应该强调的是“体社校结合”“体医健结合”，是“大健康、大体育、大学校、大卫生”的概念，将健康的关口前置，建构中国特色运动健康型社会。

扭转我国儿童青少年运动不足的重点是社会层面的力量整合，建设具有标志意义的运动健康型社会。为什么？Hallal 表示，运动并非某一个体的行为，政府、研究人员和政策制定者均应帮助建立一个负担得起的、安全的、方便的、有价值的“运动型社会”。这是国外研究者为我们提供的一个全新的视角，为管窥我国儿童青少年运动不足的治理提供了全新的思考。我国儿童青少年运动不足的常态化和近时期学校体育改革举措的无明显效果，对我国本身来说，是具有深刻的内涵和教训的。首先，在运动不足的问题上，无论是地球村的哪个国家都很难独善其身，因为运动不足在今天已经是一个全球现象。实际上，我国本身也面临着非常严峻的全民运动不足治理的任务。因此，运动不足的治理必须成为我国国家战略和国际化战略的重要部分。其次，我国本身的运动不足治理必须防止泛西方化，尤其是泛欧美化，必须走具有新时代中国特色的体育治理之路，形成中国模式，提供中国方案，与世界各国共担、共建、共享。

从顶层设计来看，国家和政府要以“健康中国”建设为抓手，合力建设运动健康型社会，树立大体育观和大健康观，实现体育强国的建设目标。因为，儿童青少年体育是政府公共服务体系、民生工程、现代化教育、健康卫生、文化软实力提升等方面的重要组成部分，发展儿童青少年体育不仅是政府职能，更是社会责任和家庭责任。《青少年体育振兴规划》明确提出："将通过评价、监督等手段，使青少年体育成为各级政府、相关部门的重要职能，使青少年体育成为社会各界和每个家庭关心下一代健康成长的基本责任，形成协同推进青少年体育发展的有力格局。"更加重要的是，自当下起必须打破部门壁垒，建立全面的协同机制，整合体育、教育、财政等领域，打造体育投入、教育保障、教育评价、财政支持、税收优惠等方面，形成联动体系，增强儿童青少年体育发展的动力机制，激发儿童青少年体育健康发展的活力。

在运动不足治理的问题上，我国不仅要表里如一，"硬软"两手一起抓，更要将关切点放在"软"的一方面，形成"众生效应"。儿童青少年运动不足的治理的重点必须是社会层面世俗力量的整合，包括精神与心理需求。如果社会整合层面失败了，政府最强大的力量也会在"运动不足"面前无济于事。在社会整合方面，较之西方国家，我国的优势在于能够在短时间里动用强大的国家力量来促进社会的整合；而在这个过程中，可以基于购买服务和下沉到社区行动等把国家的力量转化成为社会的力量。作为依附于个体或者集体行为的"运动不足"，只有在社会层面，受到同样是个体和集体的集聚、激励与制约，才能得到有效的转变或遏止。就目前来说，如果政府自上而下的政策不能向下延伸和融入社会层面，没有对美好生活的向往与追求，那么任何形式的"运动不足"治理只会是"外部的"。而任何形式的"外部"治理仅仅是临时的和运动式的。只有植入社会层面的治理，形成人心的共鸣和响应，进而成为精神的追求和心理需求，才能成为"内部的"，是可持续的治理。从长远看，国家的治理政策只有深入社会层面才有可能转变成为社会的共同意识和共同意志，催生共同行动和生活向往，对此，建构运动健康型社会将是承载国家治理政策的关键。

2. 深入推进教育治理现代化，转变学校体育的发展方式，是治理儿童青少年运动不足的重点

以"健康中国"建设为抓手，以运动健康型社会为基础，以"学校体育全科化"为蓝本，深入推进教育治理现代化，推进学校体育治理现代化，转变学校体育的发展方式，是治理儿童青少年运动不足的重点。

没有教育治理现代化，就没有学校体育的现代化，学校体育的发展方式就会停滞并僵化在“内敛式＋经验化”的发展方式上，学校体育治理能力的现代化就将是一句空话，儿童青少年运动不足的解决就无从谈起。从科学运动的理念看，儿童青少年的运动强度达到一定程度时，身体才会受到明显的刺激，其神经、骨骼、肌肉和运动能力才能发展，这个强度至少是1小时以上中等到大强度运动锻炼。所以，每周达到3次及以上1小时大强度体育锻炼，应当是儿童青少年学习和生活的常态，也就是说，只有绝大多数儿童青少年做到了这一条，才能说明我国的儿童青少年运动教育的开展是没有缺陷的，但现在，只有不到1/10的儿童青少年能做到。校外运动锻炼方面，调查结果显示，近八成儿童青少年校外“自己练”，未得到指导。由此可见，目前校内外的体育活动很难满足儿童青少年发展需要，儿童青少年体育锻炼的有效时间、负荷以及课余指导亟待提高，“教育治理”亟待现代化。

就“教育治理”亟待现代化的理念看，有学者认为，“教育治理”是一种由新型政府、学校及社会共同纳入的特殊“教育共识”的表现，其现代化的实现需要政府、学校、社会边界清晰，形成一种多元主体“共治”的格局。也有学者从协同学视阈下分析教育治理的现代化，将教育治理视为一个开放系统，将教育改革过程视为逐步寻求有序结构的过程。教育治理体系和治理能力现代化既是教育现代化的重要组成部分，又是教育现代化的重要动力。更有学者指出，教育治理体系与治理能力是一个有机整体，二者相互制约、相辅相成。显然，教育治理能力现代化就是要在教育治理体系的框架下，把制度优势转化为高效管理教育的理解、执行和创新能力，形成最大的“教育共识”、多元主体协力“共治”的格局，推动学校体育发展方式的转变。

基于“教育治理”的新理念，学校体育的全面改革和有效实施，必须依《中华人民共和国教育法》和《学校体育工作条例》开展教育治理，明晰政府、学校、社会权责，贯彻法治思维。只有这样，法治才能彰显出现代治理体系的基本价值，是实现学校体育治理能力现代化的必要手段和根本保证。为什么？原因很简单，我国的教育方针是德智体美全面发展，而且特别强调“健康第一”，而实际上无论健康教育，还是体育教育都没有排到应有的地位，何来法治？因此，实施政策与制度创新是推进我国学校体育治理现代化的关键举措，因此亟待建设系统化的学校体育创新政策体系，统筹规划儿童青少年体育事业发展，发挥儿童青少年体育在各项国家战略中的基础性和关键性作用，形成政策文件之间的协调、互补与共进，形成政府主导、部门联动、社会参与发展儿童青少年体育事业并提供基本体育公共服务的新局面。此外，我国学校体育治理现代化必须充分运用大数据和云服务。大数据的应用和服务的核心是协调好政府、社会、学校及家庭四者之间的关系，在打造多中心、多主体协作治理模式的过程中实现学校在体育教育的本义回归，实现社会的全过程参与和监督，实现教育部门角色的现代化转型。而且，独立、综合和专业的新型第三方评价制度，既高效，又准确客观，在推进学校体育治理现代化中发挥着重要作用。

要建立中小学体育课程实施情况监测制度，定期开展体育课程国家基础教育质量监测。协同建立健全学生体质健康档案，严格执行《国家学生体质健康标准》，将其实施情况作为构建学校体育评价机制的重要基础，确保测试数据真实性、完整性和有效性。鼓励各地运用现代化手段对体育课质量进行监测、监控或对开展情况进行公示。通过以上综合举措，实现学校体育的发展方式从“内敛式＋经验化”向“开放式＋科学化”发展方向转变，生成体育成功学校的全覆盖，全面实现学校体育“育体养人”的根本作用，助力培养面向新时代的健康和充满活力的青年一代。

3. 深入推进大体育文化建设，帮助儿童青少年树立体育人生的观念，是根治儿童青少年运动不足的关键

体育对于人的发展、社会进步的作用是毋庸置疑的。但是，自古以来，我国社会就轻视体育，“体育”就是杂耍，士大夫如此，平民也一样，在传统文化中没有体育的地位，到了近代，现代体育更是舶来品，在社会生产活动中可有可无，任其自生自灭。拷问历史轨迹，我们唯有承认：传统文化的不良响应还相当严重，这种严重低估体育的作用和缺乏社会氛围的情况已经到了必须彻底改变的时候了，面对新时代，我们所要做的，正如国际奥委会主席巴赫语重心长的期待和提醒——“要让体育回归教育”。

在我国儿童青少年运动不足的治理上，关键是缺乏核心价值观和社会氛围的熏陶和约束。我们在思想观念上没有真正认识到体育运动的意义和作用，没有“生命在于运动”的内在认知，没有“健康人生就是幸福人生”的认同，比较容易受到“不爱运动”社会氛围的影响和制约。在社会中生活，儿童青少年受成长规律约束，总是很容易受到他人的影响，而且这种影响也是个体难以改变的一个明显障碍。要从根本上改变目前的状况，必须站在新时代的高度，完全融入“健康中国”建设，深入推进大体育文化建设，依靠社会的力量约束儿童青少年的不良行为，帮助儿童青少年树立体育人生的观念，这是根治儿童青少年运动不足的关键。

大体育文化建设既是中西体育的融合，也是传统体育文化与现代体育文化的融合，两者互鉴互学，相辅相成，不可或缺，只有这样，才能帮助儿童青少年树立体育人生的观念，夯实全面小康的基础和支撑。站在新时代的风口，是时候从“体育”切入思考我国文化层面的事了，尽快在新时代的要求和优秀传统文化的禀赋下建立起具有中国特色的体育文化体系，为“健康中国”实践和体育强国的战略转型提供充足的精神之钙，从根本上夯实文化兴体的内驱力。

五、小结

面向新时代国家要求和国民呼声，基于“健康中国”建设的视角，必须直面我国儿童青少年运动不足的严峻现实和产生的巨大危害及其将要付出的巨大代价，把对儿童青少年运动不足的治理，摆到国家战略的层面精准施策。一要建构运动健康型社会，夯实社会体育基础；二要深入推进教育治理现代化，转变学校体育的发展方式；三要深入推进大体育文化建设，帮助儿童青少年树立体育人生的观念。

第六节　大学生体育参与内驱力的退化探源及其干预对策研究

一、研究目的

大学体育首要是一个民族身体、精神和意志能力的全面昭示，其次担负着大学生体质健康乃至完全人格养成的重大使命。著名教育家蔡元培先生早在民国时期就提出了“完全人格，首为体育”的教育思想，并在主政北京大学时期身体力行，培养出一大批身心健康、意志坚定、爱国爱家的栋梁之材，为后人所敬仰。遗憾的是，2015 年底教育部发布的数据显示，中小学生体质素质在多年的下降之后向好，而大学生体质素质持续下降的现象却没有得到改善。这一结果再次震动社会和学界，成为推进“健康中国”建设背景下，具有讽刺意味的现实版反面教材，演变为高校体育的最大危机，甚至触及高校体育存废的敏感争论，倒逼学界深刻反省。问题正如国际奥委会主席巴赫在南京体育学院的演讲中所示：“在很多国家，体育在教育体系中应该扮演的角色没有受到重视，体育的作用被很多教师和家长低估，这其中就包括中国，甚至可以说，这种状况在中国更为严重。”巴赫之言以及大学生体质素质倒退的现实为我国高校体育敲响了警钟，昭示国人：大学教育，体育不能瘸腿；体育育人，理应涅槃重生。大学生体质素质倒退的根本原因是什么？与大学生体育参与内驱力的变化之间存在何种联系？如何破解？研究命题据此提出。

二、研究方法

我们以高校体育和大学生为具体研究对象，采用文献研究法、观察法、逻辑分析法和经验总结法等开展有关的探讨。

三、结果与分析

1. 高校体育现象的呈现与问题的提出

改革开放以来，我国高校体育历经至少三次比较大动作的改革，其效果则见仁见智。反倒是下面罗列的几种常见现象，引起有识之士的反思和讨论。现象 1：当下的早晨，无论操场、运动场、球馆、校园小道，除了三五成群的一帮离退休的老教师的腾挪身影、刀光剑影外，整个校园似乎都在梦境中沉睡，唯有树梢上的小鸟不甘寂寞，叽叽喳喳鸣叫，敢与晨光争锋。现象 2：高校一年一度的学校运动会就要到来了，当年各个院系、各路高手积极备战，整个校园人声鼎沸、各处场馆爆满、运动队教练难求的现象似乎不知所终，运动健儿以及助威跟班的大伙儿都玩潜水了。运动会的几天时间里运动场地倒是热闹了一阵儿，整个校园却越来越显得静悄悄的，大家伙儿趁机放了好几天难得的运动会长假，三五成群，各跑各地玩去了。现象 3：体育课堂上，体育教师还在声嘶力竭地指挥学生学习动作，吆喝比画着纠正学生们不正确的动作，但是麾下的学生们似乎并不买账，心神不在，各走过场。现象 4：每年一度的体质健康测试近来倒是抓得紧，搞得轰轰烈烈、有声有色，特别是体育教师尤为劳心费力，紧张地关注着学生的一举一动，生怕些许疏忽影响学生体测的结果，影响了学校的声誉，但学生们似乎并不领情，马马虎虎，甚至恶搞，这让体育教师火冒三丈，却又无可奈何。现象 5：一学期一次的全校师生升旗仪式开始了，校长、学长正发表着热情洋溢的讲话，20 分钟不足，学生群中一起接一起地骚动起来，肩背、手架、胳膊搀扶，一拨又一拨地送往校医院，原来学生站久了，体力不支，低血糖了，头晕恶心了。此情此景情何以堪！更夸张的是，新生入学军训开始了，在太阳底下刚站 15 分钟，哗啦啦接连倒下一大片，忙坏了医生、辅导员与教官，惊动了校领导，急商对策，但结果还是年复一年地重演……

在高校，上述现象大家可以说见怪不怪，已经到了熟视无睹的程度。问题在于，这些所谓的熟视无睹现象，说明了一些客观存在的事实，暴露出高校体育存在的一些问题：一是高校大学生晨练的场景在消失，意味着体育氛围的淡薄；二是学校运动会成为大部分学生的休假会，表明大学生对体育的兴趣严重减退；三是体育课程教学对大学生失去了应有的吸引力，味同鸡肋；四是大学生对体质健康测试并不看重，并没有真正认识到体质素质对自己的重要性；五是大学生的体质素质实实在在在下滑，是看得见的，境况令人担忧。针对上述问题的梳理发现：所有问题或问题的背后，都与大学生体育参与内驱力的变化有关，这也是破解大学生体质素质倒退的关键。对于大学生体育参与内驱力的变化，或引发变化的因素，拟从教育培养、主体养成和环境溢出效应三个视角进行分析和判断。

2. 大学生体育参与内驱力变化的原因与分析

(1)从教育培养的视角看，体育课程教学的失效失能，是大学生内驱力生变的根本原因，也是体质素质倒退的重要原因。其演绎逻辑是：首先，高校育人体系的顶层设计存在缺陷，而且高校体育指导思想也不尽完善，两者共同导致了高校体育课程教学方案设计不够科学、不够合理，没有响应时代的变化和大学生的实际需求。其次，体育课程教学的方案设计不足的问题，导致体育教师在实施教学活动的过程中出现了偏差，出现了诸如偏重课堂教学轻视课外生活体育、偏重竞技训练轻视锻炼指导、偏重校内体育活动轻视校外社会体育、偏重现代运动项目的教学轻视传统体育项目的教学与传承等现象，衍生了诸如教学与运动锻炼指导方法守成守旧，不善于运用现代信息网络技术和工具开展教学，疏于与学生建立常态化的沟通交流，不了解当今学生的生活、心理与健康状况，不关心学生体育社会化需求等问题。最后，体育课程“教学做”“学校与社会”“现代与传统”的割裂和对立，最终导致课程教学满足不了学生个性化的体育需求和健康生活实时指导的需求，加之课程资源的普遍不足、运动平台的不富余和落后的课程考核评价，综合因素使得大学生对体育课程失去了兴趣，愿景减退，运动参与减少，体验不足，“四种能力”(即学习的能力、合作的能力、吃苦的能力和健康生活的能力)的培养难以企及，动力随之弱化，也为大学生体质素质的下滑埋下了隐患。

(2)从主体养成的视角看，大学生参与体育的体验和获得感不足，直接导致内驱力减弱，同时伴随着运动退缩。其演绎的逻辑是：首先，由于大学生并没有建立起一贯的、端正的体育价值观，运动参与的习惯也没有内化，认知不足，判断摇摆不定，抱着无所谓的心态，低估体育养成的作用，更不重视与当下生活的内在建构。其次，大学生的年龄特征和成长规律使然，他们特别反感大一统、一刀切的体育课程教学，一方面是嫌弃和抗拒课程教学活动，态度消极，应付了事；另一方面是向往获得高运动技能的满足感和表演感，但又不愿意吃苦，浅尝辄止，处在两难之中。最后，由于资源不足、选择性差、没有指导、缺乏同侪、缺乏约束等因素，大学生课余之际对体育参与的兴趣不大，尤其是在经过较长一段时间的体育参与而效果却不明显的情况下，容易丧失持续的意志力，运动退缩，蜗居宿舍，移情电子世界，沉迷电子游戏，沉迷网络虚拟生活，生活方式异化，最终导致运动不足。一言以蔽之，从大学生的视角看，体育参与的体验和获得感是第一位的，没有体验和获得感的满足，就没有体育参与持续的源动力，运动退缩是必然的。

(3)从环境溢出效应的视角看，高校体育环境的异化是社会体育环境异化的响应，影响到大学生对体育的感观，使他们低估体育的价值。其逻辑的演绎是：首先，国家对体育的顶层设计有所不足，致使社会的体育氛围和根植文化的土壤发生了慢性病变，其毒害犹如“温水煮青蛙”，不知不觉之中，社会对体育的偏见、轻视甚至歧视呈现弥散性传递，整个社会严重低估了体育的作用和功能，观感影响渗透各个层面。其次，在不良的体育环境和文化氛围中，高校也不可避免地落入世俗潮流中，这就影响到高校的文化建设的决策——舍弃传统体育，疏于维护与传承传统体育文化，于是高校体育环境和文化逐渐蜕变成瘸腿的、不健全的、没有灵魂的“残缺之人”，导致体育的根基变得浅薄而摇摇欲坠。最后，不良的体育环境和文化对大学生的影响，不仅仅是从大学时期才开始的，而是从大学生呱呱坠地就已经开始，其响应是与大学生的成长如影相随的，尤其是在社会生活中形成一道无形的毒害之网，在每一个个体的背后形成一股可怕的误推之力，使得大学生也无所遁形，屈从舆力，下意识地疏离体育，弱化愿景。这也是大学生没能够建立起一贯的、端正的体育价值观的重要因素。

3. 讨论与应对大学生体育参与内驱力退化的思想设计

通过对大学生体育参与内驱力变化原因的分析发现，引起大学生体育参与内驱力的变化既有主观原因，也有客观原因，还有环境的诱因。从主观上看，大学生参与体育的体验和获得感不足，直接导致内驱力的减弱；从客观上看，体育课程教学的失效失能，直接导致大学生失去运动参与的热情。从环境因素看，高校体育环境与文化的异化影响到大学生的体育感观，使他们低估体育的价值，进而远离体育。

对此，梳理研判：通过创新设计，基于大学生体育兴趣和爱好一以贯之的培养，建构一种新型的体育课程教学，恢复和提高大学生运动参与的内驱力，化解大学生体质素质倒退的危机是可能的。

从理论有机结合实践的视角看，建构新型的体育课程教学，需要在几个方面进行最优的顶层设计，最大限度地协同和集聚资源来推进深度改革。

第一，高校育人体系实施战略性的重构，按照“完全人格，首为体育”的教育思想，围绕“大学生运动健康型体育学习生涯”的打造，把体育的养成作用严丝合缝地融入育人体系，增加体育的话语权，增加体育的位重比。与此同时，要优先把现代体育文化与传统体育文化的融合建设摆在高校文化建设的重要位置，使校园体育环境发生根本性的改变，在大学生的生活世界筑起一道文化藩篱，使其生发新语境。在这种氛围中，大学生不断得到熏陶和滋养，从而转变了思想观念，端正了认识，发自内心地对体育产生了尊重和敬畏之情。

第二，高校体育必须直面大学生体质素质倒退危机的事实，站在“从生存性体育向内生性体育转变”的高度，具体通过“大学生运动健康型体育学习生涯”的形成，构建“讲一练二考三”的学习模式和评价体系，精准设计总体实施方案、分阶段实施方案、个性化实施指导和反馈评价方案，做到在课程教学活动中“吾日三省吾身”，增强运动参与的源动力。

尤其要突出高校育人规律和时代特征，依托“互联网＋”和移动终端成熟技术，为大学生提供个性化的“运动健康型体育学习生涯”实施方案。总体实施方案以“解决问题”为导向来制定。

针对体育课程教学活动的失效失能，实施灵活课程、弹性课程和全天候课程相结合的综合措施，提供鼓励的环境乃至全天候课堂，提供丰富的、有组织的、不拘泥于形式的形形色色的运动参与机会给学生选择，为学生进行非正式比赛、友情式即兴比赛等提供足够的设备和资源，并有意识地把运动参与融入学生的生活之中，有效实现与大学生多样化的运动需求、多元化的养成愿景、不同层次的社会化体育需求对接。比如，针对大学生内驱力不足的问题，需要实施"身心情"互联互通的综合举措，建立"互联网＋体育"智慧平台，依平台建立长效的交流沟通和实时互动机制、激励机制、健康生活方式指引机制等。尤其要抓住中国社会消费转型的机遇，鼓励健康的生活方式，引导大学生转向体育消费，建立体育消费与现实生活的对接，并依据体育养成结果实施精神和物质双重激励，激励包括运动器材、运动服装、营养餐奖励等。

针对体育课程运动文化薄弱的问题，设计解决的基本思路有：一是学界要加强对传统体育运动的发掘和开发利用，尤其要加强对传统体育文化的发掘整理和呈现展示；二是业界要讲好传统体育文化恢宏博大的历史演绎和历朝历代之强身健体、报效国家的感人故事，鼓励大学生重拾传统体育运动项目；三是要组织大学生深入社区和农村，了解和学习传统体育与文化，收集和整理体育文化的好故事，并在此基础上宣扬和展示传统体育与文化成果，既拉近与基层社会的心理距离，又汲取传统体育文化的基因和养分，为高校体育的文化自信奠定基础。

四、结论与建议

1. 结论

大学生体育参与内驱力的退化，是主观原因、客观原因和环境因素协同作用的负面结果。主观原因是大学生体育参与的体验和获得感不足；客观原因是体育课程教学的失效失能；环境因素使大学生对体育的感观变差，低估体育的价值，疏离体育。大学生体质素质的下降，是与大学生体育参与内驱力的弱化导致的长期运动不足有关的。大学生体育参与内驱力的激发和增强，需要重新审视高校的育人体系，建构新型的体育课程教学，实施双轮驱动发展战略，利用“大学生运动健康型学习生涯”来破解。

2. 建议

危机围城常态下的高校体育，需要站在全新的高度进行顶层设计，融入育人体系，构建引领社会的体育环境与文化氛围，以大学生体育养成为己任，依托“互联网+体育”智慧平台，围绕“大学生运动健康型体育学习生涯”的形成，构建内生性的高效的体育课程教学活动体系，打通培养“四种能力”的立体通道，激活和增强大学生的内驱力，实现危机突围。具体对策如下：

(1)站在健全和完善高校育人体系的顶层高度，实施双轮驱动发展战略。一是构建新型的体育课程教学活动体系，实现大学生全人格的培养，既培养大学生学习的能力、合作的能力，又培养他们吃苦的能力和健康生活的能力，即“四种能力”。二是实施“文化兴体”协同战略，高校育人体系要把“文化兴体”上升到战略高度，融入校园体育环境和课程教学建设，发挥协同的最大效应，为实现大学生“四种能力”的培养奠定基础。

(2)站在向内生性体育发展方式转变的思想高度，着力于体育课程教学设计。基于新型的体育课程教学活动体系的建构，设计高效的体育课程教学活动实施方案。一切围绕“大学生运动健康型体育学习生涯”的形成，建立“讲一练二考三”的学习模式和考核评价方法，搭建学习平台，融合运动文化熏陶，提供个性化的指导计划，供给全天候的课堂，增强大学生运动参与和体验的活力和吸引力，全面提升课程教学的养成作用。

(3)站在智慧教学和实现智慧服务的新思想，构建具有高校特色的“互联网+体育”智慧平台。充分运用“互联网+现代信息技术”，通过构建具有高校特色的智慧平台，拓展和增强高校体育的服务力和生命力。以大学生“四种能力”的获得为目的，以带有时代特征的健康消费为引导，分层对大学生个体进行常态化的激励，实施包括精神的、物质的和健康消费等的综合性奖补措施，刺激大学生运动参与的驱动力。

(4)站在“引领社会的体育环境与文化氛围”的担当高度，打造中国特色高校体育文化。第一，高校体育文化建设首要解决文化自信的问题，以文化自信的重建为重点，“东西”并重，现代与传统并重。第二，高校体育文化建设其次把着力点放在重拾博大精深、智慧厚重的传统体育和文化，加强发掘研究和开发利用，讲好故事，做好动作，使大学生能够自觉参与到建设中国特色的高校体育文化之中。

第七节　青少年体质弱化困局下运动健康型学习生涯的构建与研究

一、研究目的

青少年的体质关系到一个国家、一个民族的整体素质，也影响着国家未来的竞争力。青少年健康是全民健康的前提。一个具有战略眼光的民族和政府，是应该无时无刻不关注自己民族、人民尤其是青少年一代身体素质健康的。2015 年年底公布的《2014 年国民体质监测公报》指出：2014 年我国城乡学生的肺活量继 2010 年出现上升拐点之后，继续呈现上升的趋势……，中小学生身体素质继续呈现稳中向好趋势。公告所称“中小学生身体素质继续呈现稳中向好趋势”并不能掩盖青少年体质弱化的事实，也没有释放社会和家长的忧虑和担心。

由此初步研判，我国的教育事业和学校体育之病可谓不轻。特别难以为国人承认和接受的是：何故只有短短的三十余载，象征着国家和民族未来的青少年的体质已经处在“弱化”的状态？这种与经济社会高速发展成长相背离的严峻事实，其矛头直接指向教育体制的弊端和学校体育的诟病。人们不禁要问：青少年体质弱化是如何发生的？其真相是什么？背后有没有隐藏更深层次的问题和矛盾？如何破解？

对此，研究旨在：一是对导致青少年体质弱化的重要因素进行全面的描述和梳理分析，找出问题的真相及其症结所在；二是基于顶层设计思维有针对性地实施一种能够从根本上解决青少年体质弱化问题的战略，并进行具体的形式构架；三是对战略的建构提出可行性的实施建议，以最终达成新战略的设计和目标。

二、研究方法

我们以我国青少年学生为研究对象，基于跨界思维，把文献研究、定性分析、经验总结作为主要的研究方法，辅之观察法开展研究。

从百度搜索引擎、中国知网及其相关数据库查阅了670余篇相关的文献信息。经筛选和甄别，从中分类提炼出源头性文献、最近的研究成果文献和研究团队研究的成果文献30多篇，作为本研究的借鉴和参考。

三、研究结果

1. 青少年体质弱化问题的梳理、描述与分析

导致青少年体质弱化问题的因素可谓极其复杂(详见表9-1)，梳理发现：源头性不良因素、内源性不良因素和外源性不良因素都是造成青少年体质弱化的主要因素，而且它们之间也存在着交织叠加的联系。

源头性因素直接指向体育观的问题。对体育观的试错，可谓“冰冻三尺，非一日之寒”所致。我国现代体育于19世纪70年代前后自西方引进，最早称为“体操”，后称“体育”，“体育”一词直接套用日本用词。复杂文化现象的背后注定了现代体育根植我国的曲折坎坷，可谓由来已久。在我国，体育观典型的试错现象是“体育是运动，运动是体育”“体育是闲人的事情”“体育是没有文化人从事的工作”“体育教育是体育课”等。国家和国民对体育长期的错误认知，造成了社会大众对体育的误解、偏见与歧视，于是在当下急剧的社会转型时期引发了社会“去运动化”思潮及其蔓延的态势，这种氛围无疑也对学校体育造成了不可挽回的负面影响和诸多的不确定性。

内源性因素直接指向青少年本身。主要与青少年错误的健

康观、中国式成才观和不良生活方式三大因素息息相关。青少年错误健康观主要表现在“没病＝健康”“健康＝不需要运动”等典型观点；中国式的成才观主要表现在“文化课成绩好＝成才”“成才与体育无关”“体育妨碍成才”等典型观点；不良的生活方式主要表现在“静态休闲”“久坐少动”“饮食快餐化”等典型行为与沉淀。最终的结果是，青少年非理性的极端文化学习和超负荷学习生活，自然形成了“学习文化至上”的环境氛围，加剧了体育被冷落、被边缘化，导致了青少年无论是在思想观念上，还是学习和生活中都指向极其错误的“去运动化”，这直接造成了他们运动时间不足、运动强度不足、持续刺激不足，以致体质不断下降的现实。青少年成长过程中的“去运动化”现象及其与之受教育程度的严重背离，是最值得警惕和深刻反省的一个重大课题。深究而言，其所暴露出教育背后深层次的原因，似有症结所在之虞。

外源性因素指向青少年学习与生活的环境和氛围。主要与学校体育异化、家庭教养方式异化和体育社会环境异化三大因素密切相关。学校体育异化与观念的偏颇、偏差有关，其所导致的学校体育“万能观”“小儿科”和体育课程教学“去运动化”等是三大主要问题，它们共同作用的负面结果是学校体育的“去运动化”；家庭教养方式的异化主要与独生子女现象，以及根深蒂固的“重文轻武”“重学习轻锻炼”等紧密联系在一起，其结果导致了青少年校外余暇时间被“去运动化”；体育社会环境的异化主要与歧视体育有关，全社会对体育作用的严重低估以及体育自身的沉疴，导致了国家顶层设计的失察和缺陷，法律体系不完善、体系结构失衡、管理边界化、有法不依等。“三种体育”的长期割裂，失去了协同的基础，资源分散分薄，“软件”与“硬件”建设脱节，不但群众体育被边缘化，学校体育也被边缘化，服务社会与人的发展必然差强人意，招致体育被边缘化。社会体育环境的异化，其终极后果是导致青少年校外余暇时间“去运动化”。

表 9-1 导致青少年体质弱化问题一览表

问题类型	第一维度描述	典型现象或表现描述	结果指向
源头性因素	体育认知错误	“体育是运动，运动是体育” “体育教育是体育课” “体育是闲人的事情” “体育是没有文化人从事的工作”	引发社会 “去运动化”思潮
内源性因素	错误的健康观	“没病＝健康” “健康＝不需要运动” “身体健康＝健康”	青少年行为 “去运动化”
	中国式成才观	“文化课成绩好＝成才” “成才与体育无关” “体育妨碍成才”	青少年学习 “去运动化”
	不良生活方式	“静态休闲” “久坐少动” “饮食快餐化” “电子奴隶”	青少年生活方式 “去运动化” 营养结构性过剩
外源性因素	学校体育异化	“体育是万能的” “体育是小儿科” 课程教学“去运动化”	学校体育 “去运动化”
	家庭教养方式异化	“独生子女现象”(溺爱) “重文轻武” “重学习轻锻炼” “补课补习”现象	青少年校外余暇 时间被“去运动化”
	体育社会环境异化	“歧视体育”现象 “体育法律法规闲法”现象 “三种体育”割裂问题 “金牌至上”现象	青少年校外余暇 时间“去运动化”

2. 打破青少年体质弱化魔咒的基本思路和设想

破解青少年体质弱化的困局，既是教育的系统工程、学校体育自身发展的要求，也是需要社会协同的体系工程。基于这样的认识和意图，我们从顶层设计的思维视角，提出了“建构青少年运动健康型学习生涯”的战略构想，依托体育与健康课程实施一体化综合改革，以收大效。基本构架如下：

(1)基本概念。青少年运动健康型学习生涯，是指以青少年的全面发展为根本，基于体育真义的实现，禀赋时代的新内涵和新元素，以学校体育和课程教学的深度改革为动力，内外沟通联动，协同整合教育、体育、文化、产业、社会等资源，打造青少年基于体育养成的一种范式型学习生涯。

(2)主要构架。

1)宗旨：以“全面发展和健康第一”为指导思想，以深化体育与健康课程教学活动改革为动力，按照“打造新动力，建设新模式”的思路，实施“青少年运动健康型学习生涯”战略工程，通过协同整合教育、体育、文化、产业、社会等资源，补齐短板，形成文化、课程、教学、活动一体化的青少年学习新形式，助力青少年形成运动健康型学习生涯新常态。

2)目的：以青少年身心健康健全和全面协调发展为核心目标，通过强化科学认知、运动习惯和健康、饮食习惯的培养，打造青少年学习生涯的新模式，使其体质与健康回归合理发展的区间，促进其体育养成的实现，从而打破体质弱化的困局，形成体质健康水平的新轨道和新常态。

3)内容：进一步深化课程改革，围绕“青少年运动健康型学习生涯”战略的实现，有针对性地强化五方面内容的建设。

①加强认知教育，全面提高青少年健康素养水平。体现在运动、保健、健康饮食等认知与行为水平的提升；

②加强技术学习，进一步提高青少年参与运动的能力。体现在熟练掌握和运用两项以上的运动技能参与体育活动；

③加强科学运动教育与养成指导，提高青少年运动的科学性。体现在运动参与准备、时间、强度、方式、运动后维护，乃至科学饮食等的适宜性；

④加强社会体育的参与性，增加青少年沟通和利用社会资源的途径，提高青少年参与社区(社会)运动的积极性。体现在稳定、可持续参与社区(社会)体育活动的行为。

(3)主要指标。

①青少年健康素养水平指数达到0.8以上；

②熟练掌握感兴趣、能够参加的运动项目2项以上(含2

项)；

③每学期能够根据自身情况制订1份比较科学的运动锻炼计划；

④每天坚持运动锻炼1个小时以上；

⑤每周参与社会体育活动1次以上(含1次)；

⑥评定达到良好以上。

(4)具体举措。

①完善学校体育法律法规体系。构建以《体育法》为母法的完善的学校体育法律法规体系。首先要以国家意志修订完善《体育法》，特别注重对体育和运动观念的重新审视，厘清体育与运动观念的本义，还国民体育与运动的本来面目，为构建尊重体育、敬畏体育、热爱运动、崇尚运动的社会风气奠定认知基础；其次要上升到教育战略层面，把学校体育摆到与德智同样重要的位置上来，以《学校体育法》的形式给予固化和维护，同时配套制定《学生运动伤害事故的责任管理和社会赔偿实施办法》，全面保障学校体育的全面开展。

②加强体育文化和宣传建设，营造良好的体育氛围。结合全民健身国家战略的全面实施，各级政府须全方位开展体育文化的宣传和建设，依托各级各类媒体开辟专题专栏，普及体育和健身知识，宣传运动和健身效果，积极引导国民培育体育消费观念、养成体育消费习惯，助力体育产业发展和壮大的基础。

特别重视在社区和农村实现体育文化和宣传的全覆盖，积极支持形式多样的体育题材文艺创作，推广体育文化，并以此带动和推进学校体育文化在校园的全渗透，涵养青少年“以教育为灵魂，以运动为核心，以项目为载体，以健康认知为一极”的体育学习和运动观，弘扬奥林匹克精神和我国传统体育精神，在青少年中形成尊重体育、敬畏体育、崇尚运动、热爱运动和分享运动的学习和生活文化环境。

③深化体育与健康课程教学改革。目前，青少年的体育意识、兴趣和参与运动的程度，在电子化、网络化、娱乐化的强大冲击下，进一步削弱，持续刺激时间大幅度降低，“去运动化”的思潮和现象日趋严峻，必须迅速行动。所以，深化体育与健康课程教学改革，要从两个方面着力：一是学校体育要依法

按国家规定严格实施，保证体育课程开齐开足，保证青少年正常运动时间不被挤占，补足体育教师数量，提升体育教师教学能力，满足课程资源的教学需要；二是围绕“青少年运动健康型学习生涯”的建设，实施以课程教学“项目＋技术＋认知”为主线和以课余活动“运动＋竞赛＋社会体育”为主线的双线并重培养模式，提高青少年的体验感和获得感，提高青少年的认可度和运动兴趣，实现运动参与的课程内外、校内外的全覆盖。

④建立校内外体育互联互通和共建共享机制。青少年余暇体育的空白是其体质弱化的重要帮凶，主要是由体制内的条块分割和机制的空白所致。因此，首先要在教育部门、体育部门和文化部门等建立互联互通和共建共享机制，整合资源，建立起学校、社区和家庭体育的通联路径，以利于青少年校外的反哺和补充。其次要以青少年为本，借助现代电子、网络和移动终端技术的运用等手段，建立联系社会体育的多元渠道和路径，最大限度地提供青少年在参与社会体育活动的机会，并在参与的过程中得到社会化的体验和经验，既发挥体育行政部门和社区(农村)基层组织的作用，填补青少年余暇体育的空白，又为青少年完成学业后轻车熟路地参与社会体育奠定基础。

⑤建立青少年运动等级评价与激励机制。青少年的可塑性和养成性特别强，其出于本性和本能的好强心、竞争意识和发自内心的荣誉感是转变青少年体育观念、端正青少年认识、培养和固化青少年体育兴趣和爱好的天然老师和最好的老师。正是基于这种考虑，首先要建立权威的第三方测试与评价，对青少年达到《国家体育锻炼标准》等级程度进行公开公正的评价；其次要以国家名义设立《国家体育锻炼标准》奖励基金，对青少年高等次达到《国家体育锻炼标准》进行奖励和鼓励；最后要由地方政府或教育部门根据第三方评价，对达到《国家体育锻炼标准》优秀等级的青少年实施国家名义的物质(运动服装、器材或装备，并印上国家标志)和精神奖励。以此激励青少年天生的好强心、竞争意识，使其牢固树立崇高的体育荣誉感，发自内心地热爱和敬畏体育，真正把体育融入人生成长的道路。

⑥加快新型师资的培养。新型师资的培养是构建青少年运动健康型学习生涯的重要保障和关键环节之一，必须摆到国家

和政府层面的议事日程上来。新型师资的培养首先要立足学校现有体育教师的培养和培训，其次要引进和补充新生力量，实施"短长结合、内外结合"的补短补缺模式，即实施"就地培训提高+短期学习进修+结对学校帮扶带动培养+师范院校重构培养、定向培养"的形式。鉴于无论是家庭、孩子，还是学校、社会，其对运动营养和运动营养食品的认知还相对缺乏，对科学运动和运动习惯的培养研究还处在感性认识的初级阶段，因此开办体育教师资质培训班应该摆到各地方政府的首要议事日程上。新体育教师必须具备新理念的教育能力、运动方法的指导能力、简易体质的测试能力、膳食提供的建议能力、与青少年沟通交流的能力 5 种常态能力。特别是要培养学生正确使用运动营养食品的能力和科学运动的能力，最终使自己成为孩子们健康管理的咨询师。

四、结论与建议

1. 结论

青少年体质弱化是源头性思想认识错误、内源性不良因素和外源性不良因素三者的综合作用所致。"建构青少年运动健康型学习生涯"新范式的设计和提出，为破解提供了一种可行性较强的战略选择。

2. 建议

(1)构建运动健康型学习生涯是解决青少年体质弱化问题的战略性选择，事关青少年体质健康水平持续下滑的当下之痛，事关国家人力资源强国建设的当务之急，事关国家和民族的长远之计，必须上升到国家层面上来考量和部署实施。

(2)构建青少年运动健康型学习生涯是一个复杂的系统工程，单纯依靠教育干预是远远不够的，必须基于运动健康型社会的建设，转变体育观念，端正体育认识，带动和促进体育文化的建设、产业的体育高度发展。在全社会形成尊重体育、敬畏体育、崇尚运动和热爱运动的文化后，构建青少年运动健康型学习生涯才能取得真正的突破。

(3)在实施治理的层面上，关键是要创新机制体制，形成合力，消除歧视体育的土壤，建立完善的学校体育法律法规体系，建立各级执行监督和保障体系，建立青少年运动等级评价权威的第三方平台，实施国家激励长效机制，促进科学运动的习惯和健康饮食习惯的养成，把体育融入人生成长的道路，并终其一生。

(4)建构青少年运动健康型学习生涯，必须依“互联网+”建构“事前+事中+事后”全程跟踪、检查监督和反馈指导平台。对其过程性操作实施的设计做到科学合理，既要符合体育与健康课程深化改革的要求，又要符合青少年主体发展的愿景和成长规律。对终极主要评价指标的细则要反复论证，建立起大规模的数学模型来推导和确定。比如，健康素养评价测试卷的科学制订、对青少年养成科学运动习惯的动态评判等。对结果的科学运用至关重要，既要彰显结果，激励先进，又要跟进问题，回头反思，更要提供个性化可行的运动方案，助力青少年一步步养成科学运动的习惯和健康饮食的习惯，改善和提高体质健康水平。

第八节　学校体育提高儿童青少年体质健康水平的实施路径研究

一、问题的提出

目前，无论是学校体育，抑或儿童青少年体质健康促进，均置身于“健康中国”建设的伟大时代背景之中，莫能身外。1990年以来，我国经济社会的高速发展与儿童青少年体质健康水平的低迷徘徊形成强烈反差，引起全社会的高度关注和广泛担忧。提升儿童青体质健康水平，促进儿童青少年身心健康成长，成为国家、政府和全社会的共同诉求。众所周知，体育是促进儿童青少年体质健康的重要手段，也是培养其良好品质、促进其全面发展的重要方式。为此，2016年中共中央、国务院印发的《“健康中国2030”规划纲要》明确提出，要“以中小学为重点，建立学校健康教育推进机制。构建相关学科教学与教育活动相结合、课堂教育与课外实践相结合、经常性宣传教育与集中式宣传教育相结合的健康教育模式”。同时，要“实施青少年体育活动促进计划，培育青少年体育爱好，基本实现青少年熟练掌握1项以上体育运动技能，确保学生校内每天体育活动时间不少于1小时”。至此，国家和政府的殷切期望——建构新型的学校体育发展方式，破解儿童青少年体质持续下滑困局的迫切愿望呼之欲出。

如何将《“健康中国2030”规划纲要》变为行动，使学校体育在儿童青少年身心健康成长发挥出应有的作用，关键是要找准当前儿童青少年体育发展中的问题。问题找准了，改革行动的方向才会清晰，改革的效力才能得到最大的展现。从这个意义上来说，探究学校体育提高儿童青少年体质健康水平的实施路径，促成儿童青少年的体质健康与学校体育的深度融合，是未来一个时期“健康中国”建设的重要课题之一，对全国儿童青少年体育的发展、提高其体质健康水平具有较好的参考价值。

二、学校体育发展方式面临的困境与分析

中国的学校体育走入困境，青少年体质持续下降，引发众忧，已是众所周知且无须讳言的事实。这种困境的形成及其延续，与我国学校体育一以贯之的“内敛式”的发展方式有莫大的关系。从发展方式来看：我国学校体育在110余年发展中几乎都在为增加体育课时、增加体育教师、增添场地器材、提升体育课程地位等而努力。这种以丰富学校体育内在结构要素的努力实质上是一种“内敛式”的发展方式。对于学校体育的发展而言，这些努力关乎学校体育的存在之基，在一定的历史时期是必须和适用的行动。但随着时代发展，尤其随着“互联网+信息技术”时代的袭来，“跨界”和“打劫”新思维的流布，再过于强调学校体育内在结构要素的增长会在一定程度上影响学校体育改革的进程。对于当前的学校体育发展来说，需要与时俱进地把专注力聚焦到提升学校体育工作的质量以及学校体育作用的延伸方面上来。我国的学校体育之所以走入困局，与长期以来“经验化操作”有余、“科学化操作”不足的发展方式有很大的关系。积累一定的经验，根据经验开展学校体育工作和进行教学活动是必由之路，无论对体育教师的专业成长，还是对学校体育的积累发展都能够起到积极的促进作用。但是，若过于依赖经验，

甚至因循守旧，拒绝与时俱进，则无异于饮鸩止渴而被时代抛弃或淘汰，而此时经验则转变为绊脚石。根据目前学校体育发展的进程看，“经验化操作”有余、“科学化操作”不足的发展方式不能满足青少年身体发展的需要，它是一种灌入式的教育，基于应试的目的，没有结合好儿童青少年参加体育运动的动机，不能启发他们的“动”机，受试者没有兴趣，无法形成体育运动的习惯，导致儿童青少年身心健康的获得是被动的，余力不足。

目前，学校体育的困境，正如2016年国务院办公厅印发的《关于强化学校体育促进学生身心健康全面发展的意见》(国办发〔2016〕27号)指出的那样：“总体上看，学校体育仍是整个教育事业相对薄弱的环节，对学校体育重要性认识不足、体育课和课外活动时间不能保证、体育教师短缺、场地设施缺乏等问题依然突出，学校体育评价机制亟待建立，社会力量支持学校体育不够，学生体质健康水平仍是学生素质的明显短板。”寥寥数语，国家和政府准确而全面地揭示了儿童青少年体育发展中不同层面的问题，不难看出，当前儿童青少年体育发展及其体质健康水平提升中存在的问题并非单一维度的问题，而是涉及制度、家庭、学校和社会方方面面的问题。进一步检视发现，学校体育的尴尬处境，早已引起国家和政府的高度重视。早在2007年，中共中央国务院曾出台《关于加强青少年体育增强青少年体质的意见》，“全面完善学校、社区、家庭相结合的青少年体育网络，培养青少年良好的体育锻炼习惯和健康的生活方式，形成青少年热爱体育、崇尚运动、健康向上的良好风气和全社会珍视健康、重视体育的浓厚氛围”等被明确提出。2013年党的十八届三中全会报告进一步强调，要“强化体育课和课外体育锻炼，促进青少年身心健康、体魄强健”。显然，促进儿童青少年体育发展，增强儿童青少年体质健康，不仅需要学校体育质量更上一个台阶，更需要家庭、社会的支持，还需要科学技术进步的支撑。从学校体育作用的延伸方面来说，要协同家庭、社区共同支持儿童青少年的体育参与工作，使儿童青少年在学校中所学的体育知识和技能在走出学校后能得到运用，最终形成学校、家庭、社区“三位一体”的儿童青少年体育发展模式，为建构嵌入儿童青少年学习生活的“大学校体育”奠定基础。

从学校体育工作质量提升方面来说，目前最迫切需要解决儿童青少年体育参与的“被动”问题，背后涉及的核心问题有：一是体育课改的初衷和核心目标问题；二是学校体育“科学化操作”的问题。今天，学校如火如荼的体育课改显然取得了明显的进展且效果显著。近年来各地、各部门不断出台政策措施，加快推进学校体育，大力开展阳光体育运动等就是不争的事实。进一步研究发现，就体育课改的初衷和目标而言，体育课程的效能、体育课程的适应性、学生体育参与的积极性、体育教学条件等还存在较大改进和提升的空间。有体育学界的专家告诫说：“体育课改要做好自己专职的事情，而不是盲目地跟着其他的课程改革走。”与此同时，从体育课改十余年的实践经验看，目前迫切需要解决学校各项体育活动从“经验化操作”向“科学化操作”的转型问题。例如，儿童青少年每周 3 节体育课是多了还是少了？用什么有效的证据来证明？每天锻炼 1 小时在促进学生体质健康中起到了什么作用？科学的依据是什么？如何采用科学的依据和方法去改进学校体育各项活动的实施方式？等等。

总之，上述分析表明：学校体育的发展和儿童青少年体质健康的促进是一项系统工程，需要以强烈的时代性、揭示问题的全面性和鲜明的现实观照性为逻辑起点，创新思考方式，创新视野，创新思路，转变发展方式，赢得全社会的共同支持，更赢得充分发挥各种社会力量支持儿童青少年体育与体质健康发展的作用点。这样，不仅有助于社会力量的行动选择，也有利于政府的科学决策和学校的落地执行。

三、提高儿童青少年体质健康水平的路径选择

基于“健康中国”建设的国家要求，到 2030 年，学校体育将实现全科化，将建立完备的学校体育机制，从“内敛式＋经验化”的传统方式向“外延式＋科学化”的现代方向转变，从而彻底改变了儿童青少年体育参与的被动状态，将健康获得的被动化为主动，消极化为积极，强制化为自觉。对此，要基于现代“互联网＋信息技术”重新思考体育教育与学习的观念，重建师生关系，充分合理地运用“互联网＋体育”，加快建构嵌入儿童青少年学习生活的“大学校体育”，实施“儿童青少年运动健康型学习

生涯”战略，以“天天锻炼，健康成长，终身受益”为目标，主动发展，形成体系健全、制度完善、充满活力、注重实效的中国特色学校体育发展格局。

1. 实施“四位一体”文化工程，树立“大学校体育观”

21 世纪学校体育观念的时代性变迁正在我国生成。随着我国社会、经济的快速发展和转型升级，随着“互联网＋”社会的加速形成，体育的体系和结构极大丰富和扩大，体育成为人们文明、科学、健康生活方式的重要组成部分。学校体育也不例外，体育作为教育的有机组成部分，是实现“立德树人”教育根本任务的重要载体。十八大报告明确指出，“把立德树人作为教育的根本任务，培养德智体美全面发展的社会主义建设者和接班人”。可见，从“人”出发认识学校体育，学校体育将成为儿童青少年身心健康和全面发展的第一需要，是党和国家对学校体育的作用更深层次的理解和认识，必将引领学校体育的发展步入“育体养人”的新常态，催生“大学校体育观”。

“大学校体育”是指学校体育、社会体育、社区体育、家庭体育“四位一体”的有机协同体育。学校体育经过多方的多年努力，课程、资源、人才、管理得到较大的改善，让学生全员参与体育、爱上体育、忘情运动成为可能，学校、家庭、社会、社区“四位一体”的儿童青少年体育网络初露端倪，并取得了初步的成效。学生体质与健康状况总体有所改善，继续呈现稳中向好趋势，初步改变了学校体育是全社会体育中最薄弱的环节之一的尴尬局面。“大学校体育”的雏形，为“大学校体育观”的形成奠定了物质基础。“大学校体育观”是指从宏观和整体两个方面统合学校体育与体育、社会经济、科技、文化、教育等发展关系，建构以教育为根本、以终身体育为指导思想、以实现人的身心健康与全面发展为根本目的、以整个社会为容量的一种现代文化现象。

夯实“大学校体育观”，体育要在“立德树人”中有所作为，学校体育文化建设必须是整体和完整的，有必要实施嵌入具体运动项目文化建设为本的“四位一体”战略。“四位一体”是从“人”出发认识学校体育，从历史文化，到器物文化，到制度文化，到核心价值观，“四位一体”层层递进，形成体系。首先是学校体育发展的历史文化；其次是器物文化，比如体育场馆、设施、校服、奖杯等；再次是制度文化，比如基于校本的体育课程制度、运动会制度、运动队制度、体育活动制度等；最后是价值观，现代与传统融合。“四位一体”战略必须突出基于校本运动项目，从抓每一个运动项目文化着手，一是结合学校实际，二是结合我国博大精深、源远流长的传统体育与历史文化，紧紧围绕运动项目文化提炼形成体育文化的价值观，编好故事，做一些价值、精神层面的包装，把传统体育文化提升成中华民族代表的一种价值观来传递，为体育在立德树人中的价值发挥提供新视野和新途径。

2. 实施体系化建设，构建中、小、幼一体化体育与健康课程

构建中、小、幼一体化体育与健康课程是当务之急。中、小、幼一体化体育与健康课程，是指运用体系化建构理念，统合设计，有序衔接，打造“学前＋小学＋初中＋高中”一体化进阶式体育课程，避免体育课程教学内容蜻蜓点水，避免教学过程低级重复，导致学生毕业后既没有参加体育的意识也没有能力，终身体育成为空话。构建中、小、幼一体化体育与健康课程，可以为课改取得实效铺路，把学生的“生命观”“健康观”“运动观”“休闲观”有机建立起来，奠定终身体育的基础。体系化的体育与健康课程将极大地推动基于学校体育核心素养的教学改革，从过去“以知识和技能为本”的教育理念，转变为“育体养人”以人为本的现代教育理念，帮助儿童青少年在学校教育阶段建立“四观”，形成体系健全、注重实效的中国特色学校体育课程格局。

体育与健康课程建立在多元价值与多元目标的基础上，体育教学的实施要锁定“三个核心”和专注培养“四种能力”。所谓“三个核心”，是指体育与健康课程的核心价值是促进儿童青少年的身心健康、核心目标是提高儿童青少年健康素质、核心意识是内化形成儿童青少年终身体育意识。所谓“四种能力”，是指儿童青少年体育学习的能力、合作的能力、吃苦的能力和运动的能力。

充分和合理运用“互联网＋体育”，以“翻转课堂”“慕课”“微课”为新的起点，以信息技术为重要抓手，但又不被新技术绑架，深入思考"新课堂"及信息技术与体育课改的关系，思考更全面、更深入的变革，探索体育与健康教学的个性化学习，充分调动学生高度自主的学习、高度个性化的学习兴趣。学生的学习远远不能局限于课堂而应该超越课堂——课堂外的学习非常重要。我们应注重促进学生的创造性学习等，真正实现其个性化"深度学习"。具体做法有：基于适合学生个性化学习和适合学生选择，应用信息技术为学生开发校本的体育与健康电子教材；体育教师编制多样化的电子课件，帮助学生进行个性化学习；充分开放网络，指导学生利用网络体育与健康信息资源，开展个性化学习；综合化应用信息技术设备和设施，实施"互联网＋智慧体育服务"，为学生全面开展个性化学习提供便利的条件。

3. 完善体育参与机制，激发儿童青少年体育参与的能动性

(1)建立校长责任长效机制。面对目前儿童青少年体质下降的情况，包括中央、各个省市和部委，都采取了很多措施，以此来增加儿童青少年的体育活动时间，促进儿童青少年体质的增强。在这些方面，国家已经做了很多工作、做出了很多决策。国家的顶层设计和根本要求是正确的，而在贯彻实施当中如何把握核心和细节，还是有较大的提高余地的，尤其是下沉到学校层面是否坚决贯彻，事关政策措施的得失和成败。

从目前的体育课改看，每个学校的发展水平是不一样的，有的好，有的一般，有的差，在这里面最关键的问题，就是学校领导的重视程度和体育组老师的工作。具体到实施阶段，学校的校长是学校体育发展过程中最关键的一环。因为校长是贯彻执行国家政策方针的主要负责人，是一个承上启下的关键人物。很多案例已经证明，如果一个学校的校长对体育重视，那么这个学校的体育一定搞得好，儿童青少年的体质也不会落后；如果不重视，那么所在学校的体育也会很艰难，因为校长是直接负责人，所有的资源，尤其是行政权力，还有校长的理念、措施、责任、担当等，都会对老师、学生有很大的影响。正因为如此，建立校长责任长效机制，将形成极其有力的"一岗双责"效应，左右学校体育的发展进程，起到事半功倍的效果。

(2)完善身体活动方式。从现实来看，我国儿童青少年的体育参与主要依托学校的体育课和课外体育活动，社会性的组织化体育活动和个体的自主体育参与仅仅是作为有限的补充。因此，从改善儿童青少年身体活动方式的结构性看，改善儿童青少年身体活动方式是基础中的基础，不容忽视。一是儿童青少年的体育参与亟待社区、家庭等其他渠道的支持，建立学校、社区、家庭联动机制，拓宽儿童青少年体育参与的渠道；二是采用“互联网＋信息技术”，尽量拓宽儿童青少年在学校的体育参与“物理空间”；三是要充分运用体育教师的主观能动性，进一步发挥学校体育在促进儿童青少年身心健康成长的“作用空间”上发力。

(3)优化健身环境。当前儿童青少年的体育健身参与总体上处于被动的状态，因此，环境优化是未来促进儿童青少年体育健身参与和提升体质健康水平的重要方面。

健身环境包括社区环境、制度环境、学校环境和家庭环境。儿童青少年健身的四种环境是极其不平衡的，最为缺乏的是社区环境，其次是家庭环境和制度环境。可见，健身环境的失衡发展是儿童青少年体质健康促进过程中的隐忧，社会协力则是未来儿童青少年体育健身发展的重要驱动。

学校健身环境由于领导重视程度不够、体育课执行率不足等，导致每天锻炼1小时阳光体育运动难以实施，质量更是难以保障。因此如何让体育参与更加可行，让体育课程更加富有弹性、更加有适应性，需要通过改善管理方式予以解决，有条件的地区或学校，可以先行一步，实施“互联网＋体育”加以改善。

至于最为缺乏的社区环境，应该建立起学校和社区的联动机制，学校体育和社区体育结合，有人管理，有人辅导。同时，延伸学校的健身环境，使儿童青少年把他们的课余时间、节假日、周末等闲暇时间充分利用起来，愉快地玩，安全地玩。

(4)改善体育参与行为。目前，随着应试压力和各种非运动性游戏的剧增，学生参与体育的积极性越来越低，参与体育课积极性低的问题越来越严重。因此，行为改善是未来促进儿童青少年体育健身参与的重要方面。

儿童青少年体育参与的积极性不高，究其原因，一是中小学体育课不能满足青少年身体发展的需要。它现在是一种灌入式的教育，没有结合好青少年参加体育运动的动机，不能启发他们的动机，孩子们没有兴趣，无法形成体育运动的习惯。二是儿童青少年过度使用智能电子产品，这导致其静态行为越来越普遍，身体活动水平越来越低，健康隐忧越发严重。因此，要从儿童青少年有效性身体活动端发力，聚焦于儿童青少年"动"起来，而且是"有效"动起来。

从理论上来说，如果学生能自主运动、自主评价、自我决策，那么他们的主动性就能提高。因此，体育课，应该"教体育"，激发学生们"为动而动"。此外，学生参与体育积极性不高，虽然这个问题并不都是课程的问题，但通过课改缓解的余地还很大。因此，有必要通过体育课程内容的更新和教学的改善让学生更加热爱体育，更加喜爱体育课，并在体育课里获得成功的体验。

(5)提高体育参与的行为修正能力。体育参与的行为修正能力不足，是目前儿童青少年的客观现实和最大缺陷，也是深层次最亟待解决的难题。美国学者 J. Annesi 的研究显示，70%的体育参与者会半途而废！为什么？其实，促使青少年放弃运动的真正原因是"行为修正"能力的不足。如何才能获得"行为修正"能力？把运动锻炼进行到底！建议在学校体育中一以贯之融入行为修正能力的训练和培养，践行"四步法"：

①发现问题——通过诊断与分析，引导儿童青少年直面和承认自己缺乏运动的事实，列举缺乏运动所带来的坏处以及改变所能带来的好处，建立起体育的核心价值观；

②明确目标——通过健康水平的测试和评估，引导儿童青少年围绕减肥、增肌，或是改善体质，选定目标，专注练习；

③制订计划——在体育教师或专业人士指导下，围绕核心目标，制订简便且行之有效的阶段性体育运动计划，有针对性地采取处方学训模式，并融入体育与健康课程教学活动体系之中。

④第三方评估——引入第三方实施儿童青少年行为修正能力的督导和评价，给儿童青少年的每一个阶段性目标制定奖惩机制，达成目标时给予适当的奖励，反之则要有相应的惩罚，并采取合理的弥补措施，强化内在动机。

四、结论

目前，我国学校的体育与健康教育比较薄弱，长期以来受到应试教育的不断挤压而处在边缘化，体育课甚至蜕变为各种形式的“娱乐课”“保健课”“放羊课”“应试课”，使得儿童青少年对自己的身体缺乏了解，缺乏科学正确的体育观、健康观和生命观。对此，一是把体育与健康教育作为“健康中国”建设的关口，建立完备的学校体育机制，实施“四位一体”文化工程，树立“大学校体育观”；二是实施体系化建设，构建中、小、幼一体化体育与健康课程；三是完善体育参与机制，激发儿童青少年体育参与的能动性，使学校体育从“内敛式＋经验化”的传统方向向“外延式＋科学化”的现代方向转变，彻底改变儿童青少年体育参与的被动状态，实现体育与健康课程在学校教育阶段把学生的“生命观”“健康观”和“体育观”有机建立起来，提高儿童青少年体质健康水平，奠定终身体育的基础。

第九节　中学生体育学源性不良心理的课程干预与比较研究

一、问题的提出

中学生体育学源性不良心理状况的变化情况，乃是检验和判断我国基础教育新体育与健康课程改革成效的有效手段之一。2005 年秋季，广东省在全省铺开实施新体育与健康课程教学（简称新体育课程教学，下同），乃是全国先行者之一。2015 年是新体育课程教学实施十周年的节点之年，具有符号意义。因为，经过十年的改革和探索，广东省新体育课程教学态势初成，但究竟取得了何种成效、对学校体育的提升起到多大的作用，终究要由学习主体的学生身上发生的行为和心理变化来彰显，而且只有通过实施前后详细数据的比较，才更有说服力。研究把新体育课程教学五大学习领域之一的心理健康促进作为切入点，选择 2004 年和 2015 年两个重要时间节点，对广东省中学生体育学源性不良心理进行问卷调查和比较分析，凭借研判成效，为其改进乃至建立学校体育的新常态提供参考。

二、研究对象与方法

1. 研究对象

依据 2004 年前测方式和对等条件，把广东省 21 个地级以上的市按经济社会发展分为发达和欠发达地区，在两大类地区的基础上，分类随机抽取 10 个市 22 所学校的 2 260 名中学生为后测调查对象，并在规定的时效内，由每个调查学校的专责教师实施了封闭式的问卷调查。2004 年和 2015 年两次随机调查的基本情况如表 9-2 所示。

表 9-2　2004 年和 2015 年两次随机调查情况一览表

时间	城市	发放问卷/份	回收有效问卷/份	有效回收率/%
2004 年 6、7 月	12 个	2 520	2 244	89.1
2015 年 10—12 月	10 个	2 260	2 084	92.2

2. 研究方法

研究方法主要采用比较研究法、问卷调查法、文献研究法、统计法和分析法。问卷调查均采用统一设计的问卷进行。问卷采用二维设计，内容涵盖目前中学生在体育学习中存在的各种学源性不良心理，采用五级记分。2015 年所测问卷是在 2004 年前测的基础上进行了六处语言表达方面的修订，其信度经 SPSS12.3 软件处理达到 0.935 2，前测问卷信度为 0.927 4，均符合要求。前后所测数据的录入均采用人工录入，甄别和统计均使用 SPSS12.3 软件在计算机上进行统计学处理。

三、结果与讨论

1. 2004 年和 2015 年中学生体育学源性不良心理的比较

从表 9-3 中的数据看，2015 年所测中学生学源性不良心理整体指数为 1.50，发生率为 16.07%，与 2004 年相比，整体指数下降了 0.07，发生率下降了 4.38%。经检验，T 值为一4.67，达到非常显著性的差异水平。因此初步研判：中学生体育学源性不良心理已经得到改善明显，下降程度达到显著水平，说明经过十年的新体育课程教学改革，无论是教师的教学活动，还是学生的学习活动，乃至学校的体育氛围等，都有了明显的改善，它们都开始发挥作用，大大促进了学生心理健康的养成。

进一步观察表 9-3 的数据可以发现，2015 年中学生体育学源性不良心理的六大因子中，发生率从高到低依次为恐惧(5.42%)、厌学(4.99%)、松散(4.89%)、过度紧张(4.22%)、抑郁(3.74%)和压抑(2.50%)。与 2004 年所测数据相比，除厌学和抑郁两大因子的发生率没有显著性变化外，其余四大因子均发生了显著或非常显著性的变化，均有不同程度的下降或改变，其中松散心理和恐惧心理改善尤甚，这进一步说明了新体育课程教学在消除学生恐惧心理、过度紧张心理，减轻压抑心理，改善松散心理等方面发挥着更为明显的作用。值得引起重视的是，中学生厌学心理前后并没有显性改善，这警示新体育课程教学仍然存在一些深层次而没能有效化解的问题。

表 9-3　2004 年和 2015 年中学生体育学源性不良心理比较一览表

时效	类型	过度紧张	恐惧心理	压抑心理	抑郁心理	松散心理	厌学心理	不良心理
2015 年（N=2 084）	M±SD	1.54±0.63	1.57±0.67	1.34±0.54	1.452±0.63	1.66±0.65	1.451±0.67	1.50±0.52
	发生率（%）	4.22	5.42	2.50	3.74	4.89	4.99	16.07
2004 年（N=2 244）	M±SD	1.59±0.58	1.73±0.69	1.46±0.55	1.49±0.58	1.71±0.68	1.47±0.65	1.57±0.51
	发生率（%）	3.61%	7.22	2.58	3.16	7.35	4.63	20.45
T 检验	T	−2.87*	−7.43**	−7.34**	−1.85	−2.73*	−1.07	−4.67**

注：* P<0.05，**P<0.01，无“*”为不显著。下同。

进一步对六大因子呈现的数据进行比较观察（详见表 9-4～表9-9），结果发现：

中学生“过度紧张”事项的六个选项中，2015 年与 2004 年相比，有四项呈现下降态势，差异显著或非常显著，这说明体育教师的教学态度和学生的学习心态有了较大的端正。但是，“上体育课感到压力大”选项没有发生明显的变化，显示“上体育课感到压力大”还是部分学生的常态，其中原因有待探析。

中学生“恐惧心理”事项的六个选项中，前后相比，有五项呈现下降态势，差异显著或非常显著，这表明学生对体育课学练的自信心有了较大的提高。但是“有些害怕老师”选项呈现出加深的情况，其原因有待探究。

中学生“压抑心理”事项的六个选项中，前后相比，有五项呈现下降态势，差异显著或非常显著，这说明体育教师对学生的课堂管理趋于以人为本，训斥少了，强制少了，关注多了，讲理多了，引导多了，从而激发了学生学习的意愿，促进了学生课堂学习的踊跃。

中学生“抑郁心理”事项的六个选项中，前后相比，只有三项呈现下降态势，差异显著或非常显著，其余三项下降不明显，整体也不明显，这说明新体育课程教学对中学生抑郁心理的影响和改善有限，没有预期的好，其背后的原因有待探讨。

中学生“松散心理”事项的六个选项中，前后相比，有四项呈现下降态势，差异显著或非常显著，这说明体育教师对课堂的管控水平明显提高，学生在课堂上的学练专注程度也有所上升。

中学生“厌学心理”事项的六个选项中，前后相比，只有中学生对体育价值的认识及其与自身关系两项呈现下降态势，差异显著或非常显著，其余四项则没有明显变化，反感体育、讨厌体育、上体育课只是为了应付达标或考试事项仍然存在，这说明新体育课程教学乃至学习体育环境仍然不完善，一些深层次的矛盾和问题没有得到有效解决，不尽人意，有待进一步发力和改善。

表 9-4　中学生过度紧张表现因子比较一览表　　%

时效	2015 年			2004 年			比较
选项	没有	有时	经常	没有	有时	经常	T 值
上体育课感到压力大	60.8	33.0	6.2	58.1	38.1	3.8	−0.700
觉得老师动不动就批评我	91.4	7.1	1.5	86.7	11.6	1.7	−3.316*
老师对我好像不怎么友善	85.5	11.4	3.1	79.4	17.8	2.8	−2.689*
总感到练习很吃力	59.3	33.9	6.8	49.4	43.2	7.4	−4.896**
每到考试时，总是不安、紧张（呼吸急促，心跳加快，总有尿意）	57.8	29.0	13.2	55.1	34.3	10.6	1.215
做动作比较笨拙、僵硬，有些力不从心	62.5	31.6	5.9	57.4	36.5	6.1	−2.134*

表 9-5　中学生恐惧表现因子比较一览表　　%

时效	2015 年			2004 年			比较
选项	没有	有时	经常	没有	有时	经常	T 值
有些害怕老师	67.8	27.8	4.4	70.0	27.5	2.5	2.529*
怕练不好被同学讥笑	66.1	28.4	5.5	52.1	41.4	6.5	−8.134**
害怕被老师叫出来当众做动作示范	51.1	36.9	12.0	44.2	42.5	13.3	−3.803**
害怕在课堂上被老师当众提问	66.8	26.8	6.4	51.9	39.4	8.7	−8.257**
害怕老师有意或无意地伤我自尊心	79.6	16.8	3.6	71.7	23.0	4.3	−5.562**
害怕学习或练习某一类动作	68.1	27.0	4.9	57.1	36.9	6.0	−6.537**

表 9-6　中学生压抑表现因子比较一览表　　%

时效	2015 年			2004 年			比较
选项	没有	有时	经常	没有	有时	经常	T 值
课堂上老师对我很严厉	80.7	16.5	2.8	71.6	25.2	3.2	−5.961*
感到同学们都不理解我	77.6	19.2	3.2	74.9	21.9	3.2	−1.746
总担心被老师训斥	76.5	18.6	4.9	61.9	31.3	6.8	−8.412**
老师在课堂上是不讲什么道理的	83.5	12.4	4.1	78.5	17.5	4.0	−2.310*
总担心老师会有意或无意让我丢面子	82.8	14.4	2.8	72.9	22.9	4.2	−6.354**
老师在课堂上总是强制性地对我们“下命令”	79.1	17.1	4.8	70.1	25.4	4.5	−3.231**

表 9-7　中学生抑郁表现因子比较一览表　　%

时效	2015 年			2004 年			比较
选项	没有	有时	经常	没有	有时	经常	T 值
在课堂上感到沮丧和懊恼	73.1	23，0	3.9	68.8	25.4	3.8	−2.434*
对于体育学习，我总是责备自己	76.0	19.6	2.4	70.1	25.8	4.1	−3.186*
对体育练习和活动没有兴趣或无快乐感	66.9	26.5	6.6	68.5	26.0	5.5	1.113
在课堂上有抬不起头的感觉	84.1	13.0	2.9	81.8	15.7	2.5	−0.444
体育方面总不如别人，感到失落或失败	66.7	27.3	6.0	58.8	34.1	7.1	−4.020**
上体育课总是精神不振、无精打采	71.0	24.4	4.6	71.7	24.9	3.4	1.618

表 9-8　中学生松散表现因子比较一览表　　%

时效	2015 年			2004 年			比较
选项	没有	有时	经常	没有	有时	经常	T 值
在课堂上不停地练这练那，很冲动	80.5	16.0	3.5	67.3	29.0	3.7	−7.785**
不能集中注意力完成老师布置的学练任务	55.2	38.7	6.1	51.6	41.7	6.7	−2.725*
在课堂上我是比较自由的	53.7	34.3	11.0	56.8	36.1	7.1	4.710**
容易受到外界或课堂上一些小事的干扰	53.2	40.1	6.7	45.9	46.0	8.1	−3.796**
常常无法集中注意力听、看老师的讲解、动作示范	62.0	33.9	4.1	59.3	35.3	5.4	−3.229*
我在课堂上贪玩好耍	57.1	32.3	10.5	53.8	37.1	9.1	−0.152

表 9-9 中学生厌学表现因子比较一览表 %

时效	2015 年			2004 年			比较
选项	没有	有时	经常	没有	有时	经常	T 值
上体育课没有什么价值	71.5	22.5	6.0	64.9	25.9	9.2	−5.729**
体育学习与我没有多大的关系	77.4	18.3	3.4	73.9	20.0	6.1	−3.458*
平日一提起体育课我就反感	78.7	17.4	3.8	79.9	17.1	3.1	1.227
我对体育学习不感兴趣	73.0	21.4	5.6	74.1	20.9	5.0	1.058
上体育课只是为了应付达标或考试	68.2	23.9	8.9	70.1	22.4	7.6	1.762
我讨厌体育课	80.9	15.1	4.0	82.1	15.0	2.9	1.547

2. 讨论

研究置于两个背景下开展讨论，无疑具有现实意义和启发作用。我国青少年体质健康持续三十年下滑，已经酿成了体质弱化的后果，这是其一。其二，广东省作为我国新体育课程教学改革的先试先行者，其经验或成果能否为其他地区所借鉴？在上述背景下，开展两个问题的讨论：一是新体育课程教学是如何促进中学生心理健康、改善其不良心理的？二是中学生体育学源性不良心理的改变与“去运动化”乃至“体质弱化”变异之间有没有关联？

与 2004 年比对，2015 年中学生体育学源性不良心理状况整体得到明显改善，显然是新体育课程教学起到了其应有的心理健康促进作用。表现为三大变化。第一，体育教师“教”的变化。经过 1～2 个轮次的学习培训，体育教师基本树立了新课程的新理念，掌握了新方法、新评价。教师的教研能力得到长足进步，能够围绕“健康第一”的指导思想开展教学和设计。教师的教学态度好，实施了“以人为本”的课堂管控，突出了学生学习的主体地位，增加了学生个性化学习的空间，丰富了组织手段和方法途径，改进了评价方法，把教师自身融入课堂，使学生的课程意识，学练的积极性、主动性、思想性有所增强。第二，学生“学”的变化。就目前情况看，学生对体育课程的认可和接受程度提高，学习心态比较端正，学习意愿增加、目的明确、比较专注，能够结合自身情况进行思考和选择，开展了合作学习、探索学习和个性化学习，学练的时间大有增加，学练活动也不仅仅局限于课堂，大课间、课外活动等增加比较显著，效果也有所提高，获得感明显有所增强。第三，学校体育“环境”的变化。国家近年来陆续出台了《关于加强青少年体育增强青少年体质的意见》《关于进一步加强学校体育工作若干意见的通知》《关于加快发展体育产业促进体育消费的若干意见》等政策和重大举措。一是在社会和学校都营造了重视学校体育、重视体育课程和重视青少年健康的氛围。二是大多数有条件的学校加大了体育教师补缺和培训力度，采取了有针对性的定点补充，加大了在职体育教师的培训和培养，保障了课程教学和活动的需要。三是加大了投入，十年来，大多数学校的运动锻炼设施焕然一新，运动学习和锻炼条件得到了极大的改善，保障了课程教学和课余活动的常态化开展。

对于厌学和抑郁两大因子，尽管有向好变化的趋势，但并没有发生明显的改观。研究研判认为：其根本原因还在于“教不足，学少成”，没有积聚起足够的诱变力量。其症结主要与两个因素有关。第一，学校体育的氛围并没有彻底扭转或改观。对体育的曲解、误解普遍存在。对体育的偏见、偏颇乃至轻视仍然存在，而且并不是所有学校都一以贯之地重视体育课程。体育课程的常态化地位仍然没有真正建立，学校体育还是受到一定程度的压抑。第二，新体育课程教学虽经过十年的铺开实践，但受制于教学条件、师资力量乃至惯性观念，“新”与“旧”仍然处在某种程度的激烈博弈之中，新瓶装旧酒的现象还局部存在。比如：部分教师的课程教学设计不足、“大一统课堂”仍然大行其是、教学内容仍然局限在达标和考试的内容、课堂管理仍然简单粗暴、学生学练仍然没有选择余地、考核评价主观随意性大等，凡此种种，诱发了中学生强烈的逆叛心理，招致了学生的反感和厌恶，进而祸及体育观感和体感，导致“去运动化”倾向。

“心为行源，心止行殆。”中学生体育学源性不良心理的生成，第一维度直指基于其自身学习行为方式以及情感、认知方面的不良响应；第二维度指向体育教师在施教过程中系列不良行为方式及其情感态度的不良响应；第三维度则指向学校体育环境中不良氛围的响应。由此判断，中学生体育学源性不良心理频繁发生或严重累积的话，其负面影响将是弥漫性和持续性的，这是由其基本特征决定的。不仅影响到师生关系，也响应到生生关系；不仅全面响应到课程教学的完整体系，最终还响应到教学活动养成的效果和质量。一方面，能够导致中学生学习意愿下降，态度消极，畏惧退缩，应付了事，直至厌学、拒学乃至逃学。另一方面，中学生的不良气氛和伴生的消极行为将快速传递到教学气场，互相感染，导致教师教学热情下降，积极性下降，责任心下降，行为退化退缩，甚至心生无奈而放任。教师和学生、教学活动与学习活动，两者往往陷入恶性循环，互为因果。一旦中学生学无所获，既没有学到有用的体育知识，也没有喜爱的运动项目，还没有掌握参与运动的技术，就会形成“空心化”现象。“空心化”将侵蚀中学生对体育价值的错误判断及其与自身成长可有可无的不良感知，抑制其运动锻炼的意愿，减少运动参与的时间，降低运动参与的体验感，严重损害获得感。一旦形成思维定式和行为退缩，将诱发“去运动化”倾向，造成运动不足，体质水平下降。显而易见，青少年体育学源性不良心理与“去运动化”之间存在一定的关联，恐惧和厌学两大因子与中学生“去运动化”倾向关联大；“去运动化”与中学生体质健康下降的关联更直接，“去运动化”将导致中学生运动不足，身体刺激不足，体质随之下降。可见，三者之间也存在一定的内在联系。

四、结论

新体育与健康课程的实施有效地提升了中学生的心理健康水平，中学生体育学源性不良心理显著减少。与 2004 年新课程实施前相比，2015 年广东省中学生体育学源性不良心理状况整体得到明显改善，不良程度减弱，发生率减少。其中厌学和抑郁心理向好，压抑和抑郁心理显性改善，松散和恐惧心理改善显著。结果表明：新课程已经生发了教、学、环境三个主要变量的良性改善，提升了中学生体育学习的体验感和获得感，促进了其健康心理的养成，也为其体质健康的改善奠定了基础。但也存在一些不足，仍然有较大的改进余地，尤其是智慧课堂有待建立。

第十节 新课程背景下欠发达地区农村学校体育教师补缺研究

一、问题的提出

体育与健康课程已于2012年全面铺开和实施，对缓解青少年体质持续下降起到了积极的遏止作用，也积极推动了学校体育的全面和深化改革。但是，伴随着体育与健康课程教学全面实施的新态势和新要求，多数地区体育教师呈现数量不足和结构性缺编已是不争的事实，尤其在欠发达地区的农村学校，其情况更加不容乐观——除了基础条件和设施的建设严重不足之外，最为核心的问题也暴露出来了，即体育教师严重不足的形势越来越严峻，此问题在短时期内难以破解，令人担忧。

对于欠发达地区的农村学校，它们没有足够的体育教师，甚至没有体育教师，那么体育与健康课程改革由谁来执行？课程教学由谁来实施？如何实施？诚然，师资短缺问题虽然由来已久，非朝夕所致，但在体育与健康课程教学全面铺开和实施的新推手下，加快暴露出业已成为欠发达地区农村学校最大的、靠自身力量难以解决的一大顽题，这对体育与健康课程教学来说，无疑是灭顶之灾，急需问道学界和业界，以亡羊补牢。

造成欠发达地区农村学校体育教师数量严重不足和结构性缺编的根本原因是什么？体育教师之缺究竟缺在哪里？其背后隐藏着哪些不为常人知道的原因？面对新课程教学的要求和落地如何解决？这些问题都是现实存在且须亟待破解的难题，非常有必要予以深入探究，摸清其来龙去脉并给予厘清。否则，若有偏差甚至谬误，做出的决策和举措难以对症的话，则有事倍功半之虞，不利于问题的解决。下面，笔者以河源市为例，对欠发达地区的农村学校体育教师数量严重不足和结构性缺编问题展开初步的探究，并在此基础上给出补缺之策。

二、研究方法

本文以欠发达地区的农村学校体育教师为研究对象，采用文献资料法、问卷调查法和逻辑分析法等开展研究。查阅了中国知网等权威数据库的100多篇相关资料，并对其进行了梳理和归类，筛选出有关观点服务本研究。

三、研究结果

1. 河源市农村学校体育教师的基本状况

农村学校体育教师整体上呈现出结构性缺编和数量严重不足，农村小学体育教师缺编缺额问题最为突出。首先，就地方总的班额计算，整体上，体育教师是不能够满足教学需求的，有相当程度的缺编缺额；其次，就各县城周边乡镇学校而言，无论是初级中学，还是完全中学，若体育教师的数量按班额计算的话，几乎都超编有余；再次，大多数农村学校的体育教师在数量上是严重不足的，同时存在缺编问题，除少数乡镇中学外，大多数农村小学甚至连中心小学都没有配备体育教师，缺编缺额之严重可见一斑；最后，六个县区有近千个教学点，学生人数在几个到几十个不等，根本就没有配备专职体育教师，缺编缺额问题最为突出。

近几年来，应对新课程的改革与实施，地方政府和教育行政部门还是想尽办法，克服了一些困难，出台了一些地方措施，实施了一系列的定向招聘或各种形式的培养，尤其是顶岗培训也取得了一定的成效，尽可能多地为农村学校补充了一些师资，增加了体育教师的数量，质量方面也有一定程度的提升。但就整体而言，或具体到每一所学校，缺口却是明显的，体育教师数量严重不足的问题并没有得到根本性的改变或扭转。对此，非常有必要就欠发达地区农村学校体育教师缺失的问题进行探讨，寻求解决之道。

2. 河源市农村学校体育教师缺编缺失的原因

河源市农村学校体育教师严重不足和结构性缺编缺失的原因是比较复杂的，既有自然减员、历史欠账的因素，又有流动流失的因素，还有地方院校转型导致的师源缺乏的因素，以及补充渠道不通畅的因素等。下面一一加以剖析。

(1)自然减员。经调查，近五年来，河源地区体育教师到了法定年龄退休的，每年自然减员的数量不少于50人，农村中小学校每年在10～15人。就整体而言，所占在职比例约为5%。

(2)历史欠账。欠发达地区农村学校体育教师的缺编缺失，可谓由来已久，非今日之问题，也非朝夕所致。据调查，自中华人民共和国成立至今，此问题就长期存在，不过是不同阶段存在的严重程度有所不同而已。正因为这样，到了20世纪90年代末，农村学校体育教师有相当一部分是由以前的代课教师、业余体校毕业生、民办教师等转正而来的。尽管这样，缺口还是不断加大，而且正是由于这部分教师年龄本就偏大，时段又比较集中，才导致到了最近十年，自然减员大幅增加。

(3)流动流失。欠发达地区的农村学校体育教师流动流失问题也是由来已久的，特别是改革开放后，由于河源毗邻珠三角发达地区，所以高学历和骨干体育教师的流动流失在整个20世纪90年代期间尤其严重，加之体育教师流往市区、县城以及职务晋升、转行变动等，高峰的时候，其流动流失率很高。进入21世纪以来，流往发达地区的体育教师的数量日益减少，但隐性的流动流失日益增加。据笔者的一项跟踪调查显示，自1999年至2013年止，师范学校毕业的241名体育教师中，各种情况的流动流失达51人，占21.2%，这无疑加重了农村地区学校体育教师的缺口。

(4)师源缺乏。历史上，自20世纪80年代广东老隆师范学校开设体育专业班开始，每年体育教师的培养数量在60名左右，这是河源市农村学校体育教师的主要来源和补充途径，而且处于稳定且持续的状态。但是，自2001年广东老隆师范学校升格为河源职业技术学院后始，农村学校体育教师的主要补充和培养途径被切断，大多数农村学校的师资一直都没有得到有效补充。每年市县政府都想尽办法到有关院校进行招聘，应聘的专业大学生也确实不少，但一旦确定到边远的农村学校任教，要么即时流聘，要么干不了几个月便溜号，要么干一年半载便调动工作，一两年后能够留在农村学校任教的体育教师可谓少之又少。

(5)补充路径不畅通。就河源而言，由于是欠发达山区，各县区又存在整体超编现象，地方财政本来就吃紧，一般情况下都不放编，无指标，谈何补充；而且，非常致命的是，农村学校绝对数量大，教学点特别多而且分散，根本不可能保障每个学校都能得到最低限度的补充。这是山区农村学校的一个两难问题。另外，就算争取到指标和编制，但由于待遇低(尽管有山区补贴)、环境差、条件艰苦、门槛高，招聘也存在不小的困难，留住人才就更难了。迄今为止，留在农村学校任教的具有本科学历的体育教师，河源市五个县区的农村学校不超过20人。

(6)观念的影响。欠发达地区的农村学校体育教师长期的缺编缺失，与观念问题的影响脱不了关系。无论是地方行政、教育部门，还是学校管理者和家长，在相当长的一个时期里，他们都认为体育是“小儿科”“无关紧要”，这致使体育教师的补充成为永远次于其他学科的事情，而影响到补充的态度和行为。在迫不得已的情况下，学校往往也只是动员其他学科的老师兼职代课，却不主动申请补编。这种情况一直到新体育与健康课程教学的全面铺开实施才得以一定程度的改变和逐步改善。

3. 关于补缺的初步尝试

2004年以来，尤其是实施新体育与健康课程教学以来，对体育教师人员的补充，市县政府、教育部门乃至相关学校都做了一些努力，采取了一些措施，比如结合地方的实际情况，返聘退休体育教师和聘请地方社会体育工作者，定向培养、定点招聘，以及与高校合作，实施师范生“顶岗实习，置换培训”战略，这取得了较好的效果，对于体育教师数量严重不足的现实起到一定的缓解作用，但并没有从根本上彻底解决问题。

全市农村学校返聘的退休体育教师和聘请的地方社会体育工作者的数量，每年约在10人。从总体上看是杯水车薪，无济于事，何况，退休的老教师或社会体育工作者本就知识老化，课程理念落后，具体实施教学困难，对学校体育的帮助可以说非常有限。

定向培养作为长远解决问题之策，本应受到重视而大力行之，但由于受到地方财政和编制的制约以及远水解不了近渴的限制，2014年计划委托河源职业技术学院培养的51名体育培养生，最终只有19名得到各县区政府的保障签约而落实，大部分名额则不了了之，此培养折扣还导致了地方高校办学成本激增，大大挫伤了地方高校定向培养的积极性。

与高校合作，实施师范生“顶岗实习，置换培训”战略，真正实现了对农村教师“更新观念，传递知识，发展能力，提高素养”的培训目标，是短期解决农村学校体育教师短缺问题和提升体育教师能力，实现再学习和再培养的有效之举，也是很好地锻炼师范生的双赢之举。河源职业技术学院是广东率先开展“顶岗支教，置换培训”的试点院校，自 2010 年开展至今，已经为农村学校置换培养了近 200 名骨干体育教师，为 40 多所学校补充了近 60 名体育教师，取得了比较好的效果。但该项工作并没有得到各县的高度重视，缺乏顶层设计，缺乏协同统筹，还是停留在对点、分散的初级阶段，也没有做出长效机制。

四、结论与对策

1. 结论

欠发达地区的农村学校体育教师由于历史欠账多，自然减员数量较大，流动流失日益严重，部分学校体育教师“空心化”现象严重，而且由于合适的师源不足，补充路径不畅通，农村学校合格体育教师的数量日益不足，农村小学缺编缺失尤其严重。

尽管地方政府和教育部门做了大量的工作，拓宽了思路、视野和补充途径，取得了一定效果，但由于历史欠账多、基础差、财力薄、困难多，还远远不能满足体育与健康课程的基本需要，更不足以从根本上解决问题，严重影响到体育教学的正常开展，阻碍了学校体育的深入改革。对此，学界和业界理应痛定思痛，推动更高层次、更强力度、更有效的保障改革，实施系列组合政策和措施来达到问题的长效解决。

2. 对策

(1)加强顶层设计，加强全局统筹和协同部署，实施专项计划。地方政府和教育部门要基于县域为基础，与地方高校或区域师范院校实施战略合作，建立稳定和长期的合作关系，实现互利共赢，为短长结合解决体育教师长期的短缺问题奠定基础。与此同时，地方政府和教育部门要根据地方教育发展规划，结合农村学校开展体育与健康课程教学的长远要求，制定中长期师资培养规划，委托合作院校定向培养合格的体育教师，实施定向和定点补充，以期在5～8年内基本解决体育教师不足的现实问题。

(2)实施“政校”联姻，强力推进战略合作。地方政府与教育部门要与实施战略合作的高校制订长期的“双轨轮换，顶岗实习”以及“双轨轮换，置换培训”双管齐下的两种深化模式，建立和形成师范生培养补充和农村体育教师培训提高一体化的长效机制。一是通过“双轨轮换，顶岗实习”做成长效机制，可以根据农村学校的需求长年开展顶岗实习，这可以起到稳定补充体育教师的大作用；二是通过“双轨轮换，置换培训”，可以轮换着把农村体育教师置换出来，对其进行新知识、新技术、新方法等的再培训，实实在在提升体育教师的素质；三是可以实施临时性、应急性的顶岗补充，比如原有体育教师因公培训，请事假、病假和产假等，师范生的实习顶岗都是非常好的解决方法。

(3)实施强有力的省级反哺政策。欠发达地区的农村学校体育教师缺编缺失问题，既有历史遗留的原因，也有深刻的地缘因素，更是区域经济社会发展不平衡所致。因此，解决欠发达地区的农村学校体育教师的缺失问题，还须省级财政和教育部门联合实施强有力的反哺政策，制定中长期“既输血，又造血，又养血”的规划，依托规划制订“三专”结合计划，即专项资助、专项培养和专项奖补政策，实施“四定”即定向培养、定向培训、定点补充、定点帮扶等举措，同时建立具有约束力的长效保障和监督机制，力争通过5～8年的努力从根本上解决欠发达地区的农村学校体育教师的缺失问题。

第十一节　新健康视域下提高大学生健康素养水平的实验研究

一、研究目的

国际上广泛认同健康教育与健康促进是改善人群健康素养水平的主要手段之一，并将健康素养的改善情况作为反映健康教育与健康促进行动效果的一个主要指标。正因为如此，提高大学生的健康素养，是依靠教育促进健康的最具普惠性、最具成本效益原则的预防措施，也是提高大学生应对健康问题能力最具实效的途径之一。

所谓健康素养，是指人获取健康信息与知识和维护健康的能力。21 世纪的健康观，已从二维健康观，进展到基于生理、心理、社会及道德健康四维整体的、积极向上的健康观。新的健康观念明确告诉我们：健康是生活质素的支柱，是社会最宝贵的财富，是当今国家、社会、民众的普世追求。在新的健康视阈下，健康素养包括“能力要素”和“精神（道德）要素”两大方面。能力要素包括健康知识、维护健康的技能和可获资源等；精神要素包括健康相关的观念、态度和维护健康的方法，甚至道德观等。健康素养自然也就包含着基本知识和理念、健康生活方式与行为、基本技能三个方面的内容。对于教育工作者来说，关注大学生健康知识、技能；关注其处理健康问题的科学态度以及运用科学方法处理健康问题的过程，是极其重要的三个方面的内容。

健康素养的提高首先是大学生获得健康能力的提高，自身受益，终身受益。因此，开展健康素养教育是促进大学生健康生活，使其养成健康生活方式的需要，是大学生健康成长和成才的需要，也是大学生走向社会的需要。在大学阶段开展健康素养教育事半功倍，理应给予足够的重视和关注。

二、研究对象与方法

1. 研究对象

此次被试对象为 2 059 名在校大学生。以教学班为单位随机抽取 2011 级 2 260 名学生进行健康素养水平前测，最终得到 2 059 份有效样本。随后以 2 059 名学生为实验对象，基于教学班为单位进行随机分组，确定实验组 1 033 人，对照组1 026人。

2. 研究方法

主要采用文献资料法、问卷调查法、实验法、数理统计法和逻辑分析法等方法进行研究。对大学生健康素养水平的前后测试采用自编制的封闭式问卷进行。该问卷通过 Delphi 方法经过多次专家咨询和讨论，最终确定 3 个方面、6 项内容共 127 项调查指标。采用人工方法进行数据录入并核对。使用

SPSS11.0 for Windows 统计软件进行数据处理。

3. 干预措施

对照组按常规进行教学，实验组则采取下列干预措施：

(1)编制《大学生健康素养简明读本》，每学年开设 12～16 个学时的健康教育理论与实操课程；

(2)实施大学生健康素养校园工程试点活动：依托数字化校园开设健康教育小频道，依托体育俱乐部和青年社团开展健康素养实操培训和实践活动，依托各二级学院常态化开辟健康教育与促进宣传专栏，依托各二级学院辅导员开展大学生健康素养在行动活动，依托体育教师每学期开展 1～2 次健康素养知识测试和竞赛活动。

(3)每学年邀请校内外专家学者举行 2～4 次健康素养专题学术讲座。

4. 实验时间

2011 年 9 月—2013 年 7 月。

三、结果与分析

1. 实验前测大学生健康素养水平状况及其知识获取途径

(1)实验前测大学生健康素养及其知识水平状况。通过测试和问卷调查显示(见表 9-10)：学生实验前测具备健康素养的总体水平为 56.8%，处于一般水平；具备健康常识、健康生活方式、基本技能三方面素养的比例分别为 81.4%、52.2% 和 40.9%，具备健康常识素养的比例最高，健康生活方式素养次之，基本技能素养最低；六类健康问题知识综合得分为 64.42 分，其中，睡眠知识 90.34 分，卫生与疾病知识 73.16 分，心理健康知识 71.14 分，运动与健身知识 65.40 分，保健技能知识 46.88 分，饮食与营养素养 46.58 分。

分析上述数据发现：学生健康常识素养达到较好的 0.814 水平，健康生活方式素养为 0.522 的较差水平，基本技能素养水平最差，仅为 0.409。显然，学生健康素养的三大方面存在不平衡的情况，不利于学生应对健康问题、提高健康水平。进一步剖析学生六类健康问题知识得分水平发现，学生在健康素养方面表现出“知易行难”，水平“知高行低”，矛盾突出，问题清晰，事关“行”的运动与健身、保健技能、饮食与营养等方面，知识面窄，实操少，误区多，问题凸现，这有力地佐证了学生健康素养的三大方面存在的不平衡问题。上述所反映的问题也为大学生健康素养的教育活动和干预提供了可能的操作空间。

表 9-10　实验前测大学生健康素养及其知识水平状况一览表

项类	男			女			合计		
	N	*M*	*SD*	*N*	*M*	*SD*	*N*	*M*	*SD*
健康素养	1 004	0.534	0.499	1 055	0.601	0.490	2 059	0.568	0.495
健康生活方式	1 004	0.457	0.498	1 055	0.583	0.493	2 059	0.522	0.500
基本技能	1 004	0.394	0.490	1 055	0.423	0.494	2 059	0.409	0.492
健康常识	1 004	0.799	0.401	1 055	0.828	0.378	2 059	0.814	0.390
综合得分	1 004	64.020	5.031	1 055	64.805	5.092	2 059	64.422	5.076
运动与健身知识	1 004	64.510	7.518	1 055	66.246	7.470	2 059	65.399	7.540
心理健康知识	1 004	70.883	9.868	1 055	71.374	9.690	2 059	71.135	9.778
睡眠知识	1 004	89.343	11.402	1 055	91.294	10.226	2 059	90.343	10.857
卫生与疾病知识	1 004	72.447	9.801	1 055	73.833	9.277	2 059	73.157	9.559
饮食与营养知识	1 004	47.062	9.304	1 055	46.117	9.748	2 059	46.578	9.543
保健技能知识	1 004	46.833	11.262	1 055	46.926	11.179	2 059	46.880	11.217

(2)实验前测大学生健康知识获取的主要途径。通过问卷调查显示(见表 9-11)：学生具有的健康知识主要从六个渠道(方面)获得，按比例从高到低排列分别是：传统阅读 50.61%，体育教学 22.78%，现代传媒 15.25%，道听途说 8.31%，宣传 1.89%，医务人员 1.07%。

大学生健康知识从何途径获取，是管窥体育课程教学变化以及在大学生健康教育与促进方面一项非常直观而有效的指标。但从统计结果我们发现：学生通过传统阅读所得到的健康知识远比体育教学所得的比例要高得多，体育课程教学似乎在学生健康素养教育方面所起的作用远低于新体育课程目标的要求与设想。这种不正常的情况恰恰说明了当下大学体育存在不容忽视的一些问题，体育课程教学在理念、目标、内容、组织、方法手段和评价等方面存在重大缺陷，至少在健康素养教育方面是有所缺失或忽视的。这也从另一方面反映出大学生在健康素养方面所表现出的“知易行难”“知高行低”的背后是有其深层次的原因的。大学生健康素养水平的提高程度，或许可以通过其健康知识获取途径的改变得以反映。

表 9-11　实验前测大学生健康知识获取的主要途径一览表

性别	项类	传统阅读	体育教学	现代传媒	道听途说	宣传	医务人员
男	*N*	509	233	159	63	28	12
	%	24.721	11.316	7.722	3.060	1.360	0.583
女	*N*	533	236	155	108	11	10
	%	25.886	11.461	7.528	5.245	0.534	0.486
合计	*N*	1 042	469	314	171	39	22
	%	50.607	22.778	15.250	8.305	1.894	1.068

2. 两组学生实验后测健康素养、知识水平及其健康知识获取途径的变化与比较

根据研究要求，对照组按以往的常规进行教学，实验组则采取三个方面的七项措施进行干预教学，干预措施包括：一是结合课程，有针对性地编写《大学生健康素养简明读本》，把其作为配套教材开展教学；二是在校园内开展大学生健康素养试点工程，内容涵盖知识宣传、知识竞赛、实操训练、行为培养与固化等；三是拓宽大学生的健康理念和视野，邀请校内外专家学者开展健康素养知识学术讲座。按教学计划进行两年的干预教学，随后对两组学生进行测试和问卷调查，得到如下结果（详见表 9-12 和表 9-13）。

分析表 9-12 和表 9-13 所得数据发现：两组学生在实验后发生了明显的变化，这种变化主要表现在以下三个方面：一是实验组学生的健康素养水平经实验干预后提高明显，远高于对照组。实验组学生健康素养实验后测达到了 0.762，对照组为 0.607。其中，实验组学生在健康生活方式、基本技能、健康常识素养水平方面分别为 0.712、0.692、0.955，对照组对应为 0.514、0.396、0.790。上述数据经检验，两组的差异均达到非常显著的水平。二是实验组学生六类健康问题的知识综合得分远高于对照组，显著提高。实验组学生六类健康问题的知识综合得分实验后测为 79.6 分，其中，运动与健身 80.15 分，心理健康 81.59 分，睡眠 91.91 分，卫生与疾病 82.15 分，饮食与营养 70.39 分，保健技能 76.83 分，对照组分别对应为 65.10 分、70.95 分、90.25 分、72.90 分、45.31 分、46.48 分。上述数据经检验，两组的差异均达到非常显著的水平。三是实验后，实验组学生获取健康知识的途径发生了极为显著的变化，实验组学生获取健康知识的途径主要集中在体育教学，比例高达 50.63%，无论是与实验前测相比还是与对照组相比，都发生了显著性改变，传统阅读则下降明显，降到 22.94%。对照组学生获取健康知识的途径与实验前测相比，没有发生明显的改变，仍然集中在传统阅读上，其次为体育教学。无论是实验组，还是对照组，现代传媒、道听途说、宣传、医务人员等其他途径都没有发生明显的变化。

表 9-12　两组学生实验后测健康素养及其知识水平的变化与比较表

项类	组别	*N*	*M*	*SD*	*t*	*df*	Sig. (2-tailed)
健康素养	实验组	1 033	0.761 9	0.426 1	7.652	2 057	0.000
	对照组	1 026	0.607 2	0.488 6			
健康生活方式	实验组	1 033	0.711 5	0.453 3	9.405	2 057	0.000
	对照组	1 026	0.513 6	0.500 1			
基本技能	实验组	1 033	0.692 2	0.461 8	14.136	2 057	0.000
	对照组	1 026	0.395 7	0.489 2			
健康常识	实验组	1 033	0.954 5	0.208 5	11.548	2 057	0.000
	对照组	1 026	0.789 5	0.407 9			
综合得分	实验组	1 033	79.605 3	5.872 7	65.862	2 057	0.000
	对照组	1 026	63.957 6	4.864 1			
运动与健身知识	实验组	1 033	80.154 9	9.655 5	39.954	2 057	0.000
	对照组	1 026	65.096 8	7.289 5			
心理健康知识	实验组	1 033	81.587 6	10.580 5	23.621	2 057	0.000
	对照组	1 026	70.948 7	9.845 9			
睡眠知识	实验组	1 033	91.905 6	8.670 6	3.812	2 057	0.000
	对照组	1 026	90.253 4	10.864 8			
卫生与疾病知识	实验组	1 033	82.145 9	8.223 4	23.729	2 057	0.000
	对照组	1 026	72.898 0	9.416 9			
饮食与营养知识	实验组	1 033	70.388 7	12.321 5	52.367	2 057	0.000
	对照组	1 026	45.314 1	9.189 3			

续表

项类	组别	N	M	SD	t	df	Sig. (2-tailed)
保健技能知识	实验组	1 033	76.831 2	11.971 2	59.789	2 057	0.000
	对照组	1 026	46.484 7	11.040 7			

表 9-13　两组学生实验后测获取健康知识的主要途径变化表

组别	项类	体育教学	传统阅读	现代传媒	道听途说	宣传	医务人员
实验组	N	523	237	157	85	20	10
	%	50.629	22.943	15.198	8.228	1.936	0.968
对照组	N	233	521	158	82	20	11
	%	22.710	50.780	15.400	7.992	1.949	1.072
卡方检验	$X^2=2\ 786.346$，$df=7$，Sig. =0.000						

四、结论与建议

1. 结论

结果显示：实验组大学生健康素养水平从 0.57 提高到 0.76，六类健康问题知识的综合得分从 64.4 分提高到 79.6 分，获取健康知识的主要途径从传统阅读转变为体育教学，三项指标变化显著。同时大学生“知易行难”“知高行低”的现象也得到一定程度的改变。结果表明：实验所采取的三个方面七项措施针对性强、简约可行、科学有效；大学生健康素养水平能够通过科学合理的干预获得较快的提高；各高校在大学生健康素养教育方面应主动反思和深化教学改革，根据学生健康问题或发展需要对原有教学体系或教学设计进行改造和完善。

2. 建议

(1)健康素养教育是大学生教育的重要组成部分，也是学校体育组成的一部分，学校管理者应以大健康观为指导，全面、统筹思考学校的健康素养教育工作，将健康素养教育教学、健康环境创设、健康服务提供有机结合，为大学生践行健康行为提供支持，以实现促进大学生健康发展的目标。

(2)健康素养教育实施的关键在于科学、合理：宣传教育多种形式结合、教学课时安排灵活、无法在课程中渗透的内容可以利用综合实践活动的时间；要与安全教育、心理健康教育有机结合。

(3)健康素养教育的可持续实施关键在实效、坚持：学校要把健康教育师资培训列入在职教师继续教育的培训系列和教师校本培训计划，重视师资建设；要重视健康素养教育的研究工作，有效开展把知识传播与技能培养相结合的教学研究工作；加强教学资源建设，积极开发健康素养教育的教学课件、教学图文资料、音像制品等教学资源，增强健康教育实施效果；要重视对健康素养教育的评价和督导。应将健康素养教育实施过程与健康教育实施效果作为评价重点。同时，学校把实施健康素养教育的情况列入学校督导考核的重要指标之一。

第十二节 “健康中国”视角下高校体育课程教学的新建构

一、研究目的

高校体育处在一个新的历史转折时期，已经到了重新检视体育课程教学的黄金时机。这个时机就是“健康中国”赋予的历史机遇。“没有全民的健康，就没有全面的小康。”在大力推进“健康中国”的建设中，《“健康中国 2030”规划纲要》明确要求：“加大学校健康教育力度，建立学校健康教育推进机制，构建新型的、多要素相结合的健康教育模式。”

自 1979 年全国体育卫生工作会议即扬州会议全面启动以来，我国普通高校体育课程改革迄今已走过了 38 年的历程。大学体育的指导思想，历经了“增强体质”“育人为宗旨”和“健康第一”三个阶段。一个时期以来，在“健康第一”思想的指导下，高校的体育课程教学发生了巨大的变化，无论教学范式、学习方式、评价模式，还是教育管理、教师发展，乃至学校组织、体质监测等，都走到了一个新的发展时期，在一定程度上实现了“育体养人”的作用。与此同时，我们还必须清醒地看到，高校体育课程教学还存在很大的改进和提升的空间，根本原因正如《2014 年国民体质监测公报》中指出的“大学生身体素质继续呈现下降趋势”这一继续震撼社会和引发热议的结论，一语道出了高校体育的窘境和致命缺陷，尤其是在推进“健康中国”建设的要求下。

因此，响应“健康中国”之“构建新型的健康教育模式”的战略部署，俨然成为倒逼高校体育课程教学深化全面改革的绝佳契机，其“育体养人”的综合培养如何实现，尤其需要新的体育思想、理念和设计，助力高校体育的战略性转型。

二、研究方法

采用文献研究法、观察法、逻辑分析法和经验总结法等开展相关的探讨并进行相应的设计。

三、研究结果

高校体育建构新型的教学活动体系，是指基于“健康中国”战略部署，按“育体养人”的新理念和“以养为本，按需教学”的新思路开展的内生性体育教学。其建构需要解决思想设计、课程设计、模式建构，以及配套措施建设等问题。在新的教学活动体系中，思想设计是前提，课程设计是核心，模式建构是关键，配套措施建设是基本条件和保障。

1. 思想设计

思想设计是课程设计与模式建构的基础。新体系源于三大思想：一是 2001 年提出的“健康第一”课程教学指导思想；二是 2016 年“健康中国”建设中提出“将健康教育纳入国民教育体系，把健康教育作为所有教育阶段素质教育的重要内容”的新思想；三是中国学校体育长期实践中总结出的“中体西学，中纲西目”之道，尤其是传统体育文化之道。经过梳理发现，新体系的建构，要树立“育体养人”的新理念，按照“以养为本，按需教学”的思路，以大学生体育养成能力的提高为根本，以智慧平台的建设为抓手，以精准实施智慧教学为关键，以运动项目文化的内化为灵魂，协同整合校内外、课内外的教学资源，从而增强大学生体育参与的动力，提高大学生体育参与的水平，引导大学走向“深度学习”，达成高校体育“育体养人”的初衷。

在新体系的思想设计中，核心是打破传统的教学结构，构建充满人文关怀、体现个性差异、满足不同需求的教学体系，引导大学生走向“深度学习”；实施思路是“以养为本，按需教学”；战略部署是基于“互联网＋”建构智慧教学，实施智慧服务。

2. 课程设计

“以养为本、按需教学”的课程设计，是以增强大学生体育参与的动力和水平为目标，以嵌入大学生的认知水平、运动能力、体质状况和心理品质为教学依据，以行动为导向，以能力为本位，分类、分层、分段实施精细征候的弹性教学活动，培养大学生学习的能力、合作的能力、吃苦的能力和运动的能力“四种能力”，精准实现课程“育体养人”的宗旨。

高校体育课程实施“以养为本、按需教学”，必须遵循六个原则、两个渗透。

六个原则：一是课程内容必须是体育养成的导向和生活化过程的导向；二是突出能力目标，必须始终坚持“以体育养成能力的获取为本位”，提高体育参与的水平；三是教学以运动项目和任务为主要载体，所有的教学活动寓于运动项目以及明确的学习目标来进行；四是采取任务训练和运动项目全要素体验的方法，使大学生获取体育养成的“四种能力”；五是课程必须以学生为主体，一切围绕增强大学生的体育参与动力和水平为核心目标；六是课程的教与学、训练与实操、体验与获得等深度融合，做到“教学做”一体。

两个渗透：一是要把运动文化、体育道德和心理教育渗透到所有的教学活动中，实现全覆盖；二是要把体育养成的“四种能力”的培养渗透到教学的全过程。

对此，课程的教学设计必须依据三个原则进行：第一，突出课程能力的目标；第二，能力要以任务来训练；第三，课程评价要以学生为中心。

当今高校体育课程的目标不应当仅仅是知识和技术的传授，也不应当仅仅是运动参与和竞赛，而应该是以体育养成能力的提高为主旨目标。因此，教学设计必须坚持“以能力为本位”，而能力只能通过参与、训练和积累获得持续的提高，其载体就是运动项目和任务。

“以养为本、按需教学”落到实操的层面上，需要分两个阶段来开展“按需教学”，也就是要按大学生身心健康的提高和成长规律的实际进程，开展个性化、发展性、平台性的弹性教学活动，引导大学生开展“深度学习”。课程设计的第一阶段为生活化养成的基础阶段，第二阶段为社会化养成的高级阶段。

生活化养成的基础阶段，实施养成性基础教学，分层、分类按需开展。一是按大学生体育的兴趣爱好开设专项教学，并按基础水平的划分分群进行；二是对没有兴趣、爱好的大学生开展选项教学，实施主副项搭配教学，既有利于变化调整，也有利于兴趣培养；三是对特殊群体，实施“处方”教学或保健教学，实施全程督导和监测；四是充分运用高校育人体系的平台，配合实施全员的体育与文化的认知教学和内化实践活动。

社会化养成的高级阶段，实施社会化体育拓展教学，分层分类按需开展。一是按大学生的发展性需求开展较高水平的运动学训，提高运动水平；二是大学生分类参加体育社团活动，以体育社团为学训平台，引导健康消费，转变消费方式，培育大学生科学运动与健康饮食合一的健康生活方式；三是鼓励具有高运动水平和技能的大学生通过社团组织开展校内外(包括学校、社区)竞赛、技术交流、技能展示、体育科普、传统体育学习、体育文化挖掘与宣传等活动，实现“深度学习”，提高大学生体育社会化的水平，奠定终身体育的基础。

3. 模式建构

教学模式是在一定教学理论指导下，以简化形式表示的关于教学活动的基本程序或框架，是构成课程和作业、选择教材、提示教师活动的一种范式。教学模式上联课程思想、教学设计，下联教学实践、教学评价，是影响教学的重要因素，着力于紧扣教学思想和课程设计的教学模式建构或选择，是响应“以养为本、按需教学”能否成功实现的关键环节之一。依据教学模式建构的五个因素即理论基础、教学目标、操作程序、实现条件、教学评价检视，“以养为本，按需教学”的实现，需要建构“行动导向”教学模式。

“行动导向”教学模式，是以大学生“四种能力”的培养为目标，以运动参与和生活方式的融合体验为主要形式，强调理论与实践的统一，强调内化和外形的一致，为大学生提供全要素的个性化的体验学习和智慧服务。从角色上说，学生是学习过程的中心，教师从知识、技术的传授者转变为一个咨询者、指导者和引领人，从教学过程的主要教授者转变成学生的学习伙伴；从教学理念和教学内容上说，强调培养大学生形成解决实际问题的应用能力，根据教学目标和实际问题，形成以“四种能力”的培养为目标的教学内容；从教学方法上说，“行动导向”立足于引导学生，启发学生，调动学生的学习积极性和主动性，使学生在学习过程中由被动学习变为主动学习；从教学手段上说，强调多种教学媒体的综合运用，让学生在学习的实境中主动思考和探索，并能够实时评价和检查学生分析和解决问题的能力；从教学组织形式上说，强调让学生在实境中进行学习活动，在教与学的过程中，在老师的引导下，由学生共同参与、共同讨论、共同承担不同角色，在互相交流的学习过程中使问题最终获得解决。

“行动导向”教学的实施要点：一是设置量身订制的教学内容。在教学中通过精心设置，设立真实情境，可以激发学生的学习兴趣，从而达到提高效率的目的。教师在知识、技术的传授过程中，应按内容设定实际情境，演练与学习融合，演练与学习之余，发现问题、探讨问题、解决问题。二是提供客观可行的大课堂，设计客观可行的“项目”载体。教师在传授过程中，设计一些既简单又简约可行的“项目”载体，对激发学生的学习热情是十分重要的。通常采取的教学方法有“任务驱动”“吸引教学”“实例操作”等，使学生亲身体验发现问题、分析问题和解决问题的过程，体会到探索、发现、创造与获得的喜悦。这对于培养有较强获取能力的学生具有重要的意义。三是以学生为主体，以学生的视觉开展教学活动。“行动导向”教学模式是使学生从后台走到前台，实现“深度学习”的可行途径，变学生的接受式学习状态为主动挑战式学习状态，变过去传统的客体学习地位为主体学习地位。真正让学生成为主宰学习的主人，成为学习活动的主动参与者、探索者和研究者。“行动导向”的教学方式是基于“做”与“动”融合的教学方式，是寓知识于实操的一种教学方式，是深度打动学习者心灵的触发学习者记忆的学习方式。如参与式、竞赛式、体验式、讨论式、辩论式、调研式、考查式、访谈式、考证式等。四是建立与之相适应的教学评价体系。对学生学习效果的检验和评价是教学工作的重要环节。“行动导向”教学评价应该采用过程性考核与结果性考核相结合，采用教师、学生、第三方等综合多元评价的方式，重点评价学生的运动参与和健康生活的能力，把运动参与、体质健康、学习态度、体育精神、吃苦程度和团队精神等方面纳入考核范畴，让学生在潜移默化中养成科学理性的态度，提升“四种能力”。

4. 配套措施建设

“以养为本、按需教学”的大学生“深度学习”，必须搭建智慧教学与服务平台，实施弹性教学制度，为大学生提供全要素的个性化的体验学习和智慧服务，持续增强参与感和获得感，培养“四种能力”。

(1)搭建一个平台，即“互联网＋体育综合管理与服务”平台。建设内容包括一个信息网站、一个协同工作平台、两个资源库(学校体育课程资源库和社区体育资源库)。

平台需要实现三个智能化功能：一是实现课程管理智能化(引入移动终端系统)。选课智能化，打破学院(系部)、年级、班级的限制，能够按需选课；排课智能化；协调智能化。二是实现资源调配智能化。提供全天候课堂，实施全天候体育；提供全域化体育场地、器材、设备和设施，合理安排室内外布局。三是实现体育指导智能化。实时提供科学运动指导和评价；实时提供多样化的营养膳食与体能恢复方案；实时提供科学运动、健康饮食、卫生保健、运动竞赛、组织活动等知识和信息。

(2)建立弹性教学制度。根据实行弹性教学的要求，创新体制机制，建立常态化的工作机制。能够根据学生的体育需求和学习安排，随时随地为学生提供教学服务、学习指导和健康指导，这就需要建立相关制度和常态化工作机制来保证。建设内容包括建立扁平化教学组织，出台《高校体育实施弹性教学管理办法》《高校体育实施弹性教学制度保障与激励办法》《高校体育弹性教学质量监控与督导实施办法》等。

四、结论

打破高校传统的体育教学结构，构建充满人文关怀、体现个性差异、满足不同需求的教学体系，是“健康中国”赋予高校体育的新机遇；打破高校固化的体育组织形态，为大学生创设多元融合的育人空间，引导大学生走向“深度学习”，生成内生性体育教学，是全面实现高校体育“育体养人”作用的新路子，而且基于“深度学习”的体育课程教学需要在传授知识和运动技术的同时，基于“互联网＋体育”引导大学生应用知识、参与运动、探求健康，赋予大学生更广阔的学习空间和生活展演平台，积淀终身体育之本。

第十三节　“健康中国”视角下中小学校实施新型体育战略的研究

一、研究目的

进入21世纪以来，我国学校体育的发展处在一个关键档期。在加快推进“健康中国”建设的大背景下，在“十三五”时期全面建成小康社会“全民健身战略”上升为国家战略的响应下，在《关于强化学校体育促进学生身心健康全面发展的意见》(国办发〔2016〕27号)的新要求下，我国学校体育今后的道路究竟该如何，走向何方？毋庸置疑，这是一个值得关注和探讨的新课题。

从我国学校体育一个多世纪以来走过的曲折的发展历程，以及我国自2001年提出实施新体育与课程改革与实践的初步成效看，可以初步得出一个重要的结论：在“健康中国”视角下，我国只有走中国特色的学校体育道路，才能够充分实现学校体育育人的本质功能，促进青少年的全面发展和身心健康，助力“中国梦”的实现。

二、研究方法

以学校体育为研究对象，采用文献资料法、逻辑分析法和经验总结法等展开相关研究。

三、研究结果

1. “养成体育”的界定与析义

“养成体育”又指养成性体育，是以体育与健康课程和体育运动为载体，以课程教学和运动参与体验为主要形式，以实现体育的“四养一体”(集养身、养心、养德、养生功能于一体)功能为根本目的，集文化自觉、价值自觉、行动自觉于一体的生长性的教学实践活动。养成体育的提出及其内涵的提炼，充分体现了中国特色的哲学思想和体育观：体育不唯“强”而为“健”；不唯“用”而为“养”，即“中体西学”“中纲西目”之道。所以，“养成体育”观具有浓厚的中国传统思想基因、文化基因和古人朴素的实践智慧，颇具中国元素和中国特色，是人类文明成果的智慧体现。

“养成体育”的实现，首先需要体育文化的熏陶和文化自觉的内化，其次需要体育价值的感知和价值自觉的引领，再次需要以行动为导向，培养行为自觉，以一以贯之的运动参与，实现真义体育的全面价值。在“养成体育”的实现要素中，文化自觉是灵魂，价值自觉是关键，行为自觉是条件和保障。

文化自觉的建立，一方面需要汲取传统体育的精华，另一方面需要汲取博大精深的传统体育文化和思想。在此基础上，赋予其时代性、创意性的新含义，形成独特的新体育文化，奠定文化自觉的基础。

价值自觉建立在文化自觉的基础上，有了文化自觉，就具备知本的基础。而价值自觉的建立，关键在于认知，在于知本的程度，所谓“知至而后意诚，意诚而后心正”。一方面需要通过认知教育提高青少年体育的知识素养和认知水平，以诚其意正其心；另一方面需要引导青少年在知本的基础上，通过当下的学习生活和实践运用，充分体验体育的价值，感知体育价值的重要性，刺激并增强持续的获得感，生成价值自觉，为行为自觉奠定良好的基础。

行为自觉是实现“养成体育”的先决条件和根本保障。没有行动实践，没有持之以恒的运动参与，养成体育的实现就是一句空话。反之，有了文化自觉的引领，有了价值自觉的正心，要实现养成体育，就如古语所言：“万事俱备只欠东风。”东风即自觉的运动参与。

为什么要提出“养成体育行动计划”作为战略的抓手和推手

呢？只有养成体育，才可能造就学校体育的文化自觉、价值自觉和行为自觉，才有可能养就自觉的体育人和受众学生，才能够砥砺改进和完善学校育人体系，完善和补强“健康第一”指导思想，改进和完善课程与教学活动全过程，避免教学活动简单化、格式化、碎片化行为，纠正“四去化”现象甚至“去运动化”逆袭，才有可能持续刺激青少年学生的体育天性和初衷的迸发，增强其过程参与的体验感和获得感，开发其运动参与新的内驱力。如此才能够有效地解决目前学校体育积弊的深层次问题，才有可能实现体育养成之功，造就新体育。

若没有体育自觉，就没有体育人（包括体育受众）穷究学校体育本末和知所先后的动力，责任意识、担当意识乃至自信心容易受到各种干扰、侵蚀而退化退缩，另外，他们会消极应对学校体育的边缘化境况，漠视校园体育文化建设，懈怠体育课程与教学改革，疏以教学过程管理，放任“去运动化”，最终导致体育养而无成，危机也就伴生了。

2. 实施“养成体育”战略的指导思想和路径

（1）重构体育与健康课程的指导思想。

要想对接“健康中国”建设的新要求，推动学校体育的深度改革，建构儿幼童青少年学习新业态，实现学校体育的“四养”之功，“健康第一”课程指导思想已显得局限而不足。首先必须与时俱进，重构指导思想。

“健康第一”指导思想是作为新体育与健康课程的核心思想提出来的，具有21世纪鲜明的时代背景、时代特征与内涵，是促进青少年身心健康成长的根本要求，着力借鉴和吸纳了西方发达国家学校体育课程标准的指导思想和实践内容，比较准确地抓住了真义体育实现之要，即学校体育担当的青少年身心健康促进使命，以青少年学生身心健康发展为第一要旨，以身体健康、运动技能、运动参与、心理健康、社会适应五个学习领域等为抓手，用以指导体育与健康课程教学的全面实施。“健康第一”指导思想历经新课改15年的磨合与实践检验，初步取得了青少年体质健康向好的改变，这是一个具有重要转肋的标志性事件，初步折射出体育课程教学活动无论理念、设计、形式、内容、手段、组织、评价和考核等都发生了对接“健康第一”的可喜变化，实证其思想性是经得起考验的，是比较科学和准确的。

但其局限性和不足也暴露无遗。“健康第一”的指导思想的出台具有鲜明的时代背景和社会要求，今天从发展的眼光来审视，从目前学校体育新课改中存在的一些深层次的问题和矛盾来透视，“健康第一”指导思想毕竟还存在时限性和局限性。比如就思想高度而言，在取舍的两难中，它与真义体育之间还是存在一些剪刀差的，并没有完全覆盖体育之真义；又比如在具体的体育课程实践中，“健康第一”指导思想容易被异化为“体质健康第一”而走样变形，导致课程教学与活动出现了一些偏差和问题。比如“四去化”现象及其蔓延，就是典型的异化结果；再比如就问题解决而言，以“健康第一”为指挥棒实施的课程教学活动，经过十余年后，为什么还是不能够全面促进青少年身心健康水平的提升，反而在某些重要的体质指标出现持续倒退的悖论现象？撇开社会环境和时代因素不谈，在很大程度上与“健康第一”指导思想本身的不足，以及在汲取我国传统体育与文化的思想和基因等，有欠深层次的理性考量，甚至缺乏文化自信有关。分析认为，现代学校体育作为近代的舶来品，落地我国不过一百多年的时间，与传统体育、文化的碰撞、冲突、磨合是难免的。学校体育如若舍弃或选择性使用优秀传统体育与文化思想，意味着当下学校体育指导思想的知本不足，难免在“中体西学”“中纲西目”的融合实践过程中有偏颇。

但是，无论如何，体育人必须清醒地认识到所谓的“凡益之道，与时偕行”。在“健康中国”建设新的大国家战略背景下，时代性、新内涵和新要求凸显，需要学校体育顺应新的发展要求，在嬗变中不断改变和提升内涵发展，而且全体受众也有切身的根本要求。所以，善谋大局，反思不足，补齐短板，是必然之举。如何弥补“健康第一”指导思想不足之短，成就学校体育“中体西学”“中纲西目”的无缝融合，实现学校体育育人之质性价值和比较价值的统一，理应成为体育学界的第一课题。对此，养成体育的提出，是顺应而生，时势使然。为什么？一言以蔽之，因为养成体育兼备文化性、传统性、现代性和发展性全要素，既能够实现学校体育的质性价值，又能够实现学校体育的比较价值，以促进人的全面发展和体质健康为旨意，不唯时代、环境、社会的迭变而滞后。所以，其思想和理念能够高度充实和补强“健康第一”指导思想。不难看出，两型思想并举，既能够准确把握体育之于人的健康养成，又能够恰好提醒体育真义不仅仅是唯健康而健康；既能够防患学校体育活动泛养成化的倾向，又能够防患唯健康而健康化的片面倾向，文化性、价值性、工具性作用契合于一体。两者起到了互为犄角、守望相助、防偏防异、相得益彰的作用，进一步巩固了学校体育促进人的全面发展的宗旨，也有利于更好地指导课程教学活动的科学设计与全面理性施教。

概言之，“健康第一＋养成第一”并举的指导思想，既是保证学校体育功能和作用全面达成的根本要求，又能够在课程教学实践中防偏失重。既于理合义，又于时合道，顺理成章，为养成体育战略的实施奠定了指导思想。

(2)“养成体育”战略之实现路径。

新指导思想的生成，为建构新学校体育提供了思想基础，更是为“养成体育”战略的落地奠定基石。所谓新学校体育，是指以现代学校体育为基础，以“健康第一、养成第一”为指导思想，融合传统体育和优秀传统体育文化，形成中西并举、现代与传统并举、文化涵养与运动参与并举的育人体系的“养成体育”。为此，“养成体育”的实现需要匹配“一平台＋三工程”建设。

所谓“一平台＋三工程”，是指通过“政社校”协同建设“互联网＋体育”平台、学校体育文化自信工程建设、体育课程与教学补强工程建设和实施体育强师计划工程等的建设，无缝对接“养成体育”战略行动计划。

①“政社校”协同建设“互联网＋体育”平台。

通过建构“互联网＋体育”平台，沟通学校、社会和家庭，沟通文化、课程、学习、生活，形成体育参与的立交桥，引导青少年科学运动和健康消费，激励青少年健康生活。

一是政府主导建设科学健身指导服务平台。主要是解决包括学生、群众健身的科学指导问题。该平台依托各地的国民体质检测机构和综合性健身场所，为学生、群众进行体质测定、建立运动档案，以互联网、大数据、云计算技术为依托，使健身学生、群众可以通过各类电脑、手机等终端设备即时获取个人健康档案和专家出具的健身指导处方，将科学健身知识及建议及时传送给健身学生群众，更大限度地发挥专家的作用，更好地普及运动健身知识。

二是政企行协同建设"线上线下"体育消费平台。"线上线下"体育消费平台，将体育健身场馆信息、健身指导方案、草根赛事的组织和相关的产品选购信息都整合起来，通过网站、微信公众号和手机终端 APP 等方式推送，使学生能够便捷地了解到准确信息，然后根据自己的需求，采取"线上购买线下服务"，也就是"O2O"的方式，进行购买服务，这样就方便了其健身，同时也带动了体育消费，促进了体育产业的发展。

②全面实施学校体育文化自信工程建设。优先把现代体育文化与传统体育文化并行融合的氛围建设摆在学校文化建设的重要位置，使体育环境发生根本性的变化，使其生发新语境、新活力、新动力，不断熏陶和滋养青少年，使青少年学生树立新观念，发自内心地尊重和敬畏体育，从而端正了体育养成的外在环境和个体心境。

③实施体育课程与教学补强工程。课程教学设计融入传统体育与文化；课程活动设置传统体育板块；课程活动过程的督导和考核评价引入移动终端技术，实现全员、全过程、全要素覆盖。

④实施体育强师计划工程，打造一支与深化改革相适应的新型体育教师队伍。新体育教师必须具备新理念的教育能力、"互联网＋信息技术"的应用能力、运动方法指导能力、简易体质测试能力、提供科学膳食建议的能力、与青少年沟通交流能力六种常态能力。特别是要具备指导学生正确使用运动营养食品的能力和科学运动的能力，使得体育教师成为孩子们健康管理的咨询师。

四、结论

在"健康中国"视角下，实施"养成体育"是建构中国特色学校体育的王道。未来学校体育应以深化体育与健康课程改革为基石，按“打造新动力，建设新体育”的新思路，以文化的回归、内涵的提升为核心，以青少年身心健康的全面养成为目的和宗旨，精准实施“养成体育”战略行动计划，建构“儿幼童运动娱乐型学习生涯＋青少年运动健康型学习生涯”的新业态，实现学校体育的内生性发展，修己达人，振兴学校体育。

第十章　结论与展望

第一节　结论

(1)运动健康型社会是指以人为中心，经济社会深度发展到某一阶段，体育事业和体育产业全要素无缝集合，共同促进和实现全体国民全维度健康的新型体育社会。

(2)运动健康型社会的建构，真正实现各个运动项目以协会为载体，实现政府、社会、市场和项目爱好者(个人)的“四位一体”，“四位一体”合力、发力，既为体育事业深度改革创造了基础，也为体育产业的发展获得最重要的资源和空间创造了条件，过去单纯以奥运(竞技)成绩为衡量指标的发展模式将被彻底淘汰。

(3)运动健康型社会的建构，形成了“学校体育、群众体育、竞技体育、体育产业、体育文化统筹规划、协调发展、各具特色”的体育发展新思路，五大领域工作相互联系、共同促进、融合发展，造就了“学校体育是塔基，群众体育是塔腰，竞技体育是塔尖，体育产业是推动力，体育文化是灵魂”的共生业态。

(4)运动健康型社会的建构，彰显体育已经完全融入了国民经济和社会发展的全局之中，融入小康社会建设、“健康中国”建设之中，融入实现“两个一百年”奋斗目标，体育与教育、体育与文化、体育与健康、体育与旅游、体育与农业、体育与传媒、体育与金融等深度融合，体育与相关部门、相关领域、相关行业高度融合发展，逐步形成全方位的“合作发展＋”模式。

(5)运动健康型社会的建构，在本义上实现“让专业的人做专业的事，让市场之手经营体育市场”，成为推动体育又好又快良性发展的普遍定律。而且，这种专业的人才并不仅限于狭义的体育专业领域，而是涉及体育产业的方方面面，包括法律、市场、管理、创意，等等。

第二节　展望

我国社会走进新时代，进入全面建成小康社会、实现第一个百年奋斗目标的决胜阶段，国民的多样化体育需求，尤其是追求健康美好生活的强烈愿望日益增长，日渐突出，体育消费方式从实物型消费向参与型、体验型消费转变，学校体育走向深挖内涵发展，竞技体育走向高质量发展，健身休闲已经成为重要的生活方式，体育产业迸发大融合红利，体育文化成为大众自觉的精神食粮和发自内心的需要，面临重大的发展机遇。因此，建构运动健康型社会，是学校体育、群众体育、竞技体育、体育产业和体育文化“五位一体”大协同大融合发展不可或缺的载体和抓手，大力建构运动健康型社会既是增强人民体质的必然要求，也是新时代“健康中国”的重要内容，对挖掘和释放消费潜力、建设体育强国、培育新型社会、增强“强民强种”新动能具有指导意义。

一、体育改革走宏观控制的社会自我协调体制的体育发展模式

体育五大领域深度改革走宏观控制的社会自我协调体制的特点，是既要有控制地发展体育，又要比较充分地发挥体育为社会服务的作用，把宏观控制与社会自我协调有机地结合起来：一方面，通过国家的顶层设计为体育的宏观控制导向国家战略的主动高度契合，实现五大领域的有机融合及其与经济社会其他领域的协调发展，相辅相成；另一方面，通过国家体育行政部门制定的体育发展规划的全局性来制约社会自我协调过程中所可能产生的某种盲目性；再一方面，有运用社会自我协调机制的客观规律性来制约国家体育行政部门制定体育发展规划所可能产生的某种主观性，使宏观控制与社会自我协调互相取其所长，补其所短，推动体育的健康发展。该模式适合新时代我

国政治、经济特点，也符合体育发展的需求，不仅有利于改变体育权力高度集中的局面，又有利于发挥社会的功能，是我国体育改革发展的趋势。

二、我国体育发展逐渐向社会化、科学化、产业化、法制化方向发展

体育五大领域的协同和充分发展是在国家全方位发展下的必然结果。体育五大领域发展逐渐统筹社会化、科学化、产业化、法制化，是互相联系的，是相互依存、相互制约的，如社会体育的体育消费结构探讨，属于社会化问题；社会体育中涉及体育装备、体育竞赛属于科技化问题；社会体育涉及经济发展问题，属于产业化问题；社会体育整体发展是法律制约下进行的，属于法制化问题。体育文化激励人们奋发向上，对塑造价值观具有引领作用。在发展我国体育五大领域事业时，时刻统筹它们的关系，才能全方位掌握体育的发展规律及走向，并发现问题、解决问题，使整个体育事业发展良性运行。体育发展中应考虑我国人口老龄化、体育人口结构不合理、城市之间城乡之间体育发展异化等社会问题，制定科学的管理体制和运行机制，在法律和市场为导向的前提下，形成具有我国特色的体育发展模式。我国体育三大领域统筹向社会化、科学化、产业化、法制化方向发展。

三、由以发展竞技运动为主过渡到以发展社会体育为主，并形成多种竞技体育培养模式，社会参与培养逐渐成为主流

现阶段我国政治地位较高，以往的“金牌效应”观念淡化，政府高层也逐渐意识到大众体育是国民生活质量提高的保障。大众体育的发展带动文化、经济的深入发展，也是国际社会共同追求的生活目标。随着人们生活水平的不断提高，体育运动丰富了人们的生活，使人们健康、强壮、快乐、坚强、开朗、善于交往，同时也提升了人们的自身素质。美国、德国、英国、日本等国家的竞技体育水平始终处于世界第一集团，而与此同时，这些国家的社会体育发展得也非常完善，人们的社会生活需求普遍能得到满足，生活幸福指数也相对较高。可见，不管是从政府角度还是从人们和社会的需求角度来看，社会体育的

快速发展已成为必然趋势。竞技体育随着社会的发展也在不断发展，但是培养模式逐渐转型，现阶段的“举国体制”暴露出了很多缺点，包括：浪费了国家大量的人力、物力，权力过于集中，产生了很多矛盾，因此，国外发达国家的以市场为主导的培养模式值得借鉴，其符合经济运行、竞技体育的发展规律。对于竞技体育，政府逐渐将权力转化为社会，将“单一模式”为主导的培养模式演变为“多种模式”起作用的培养方式，而整体的体育发展将把重心放在社会体育上。

四、社会体育体系不断完善，并加大公共体育设施的建设与利用

社会体育中职工体育、农民体育、社区体育逐渐成为我国体育发展的主体，国家宏观政策更加细化，国家资金投入不断加大，开展形式丰富多彩，制度逐渐健全，管理体制规范。各政府机关、企事业单位逐渐意识到职工体育锻炼对健康以及促进工作效率提高的重要性。社区体育得到领导和人们的共同认可，老年人、小孩、残疾人体育引起社会的高度重视，国家将大力发展社区体育。通过对文献查阅了解到农村体育开展很差，农民的生活质量有待提高，而体育运动则是丰富农民生活的重要项目，只有发展好体育运动，农村才能真正意义上实现以人为本的社会主义小康社会。农村体育体系完善与发展任重道远，这也是国家着力发展与投资的方向。

伴随着社会生活水平的不断提高和健康意识的提升，人们的体育意识也极大地增强了，公共体育设施及其服务体系成为建构体育社会的一大短板和屏障。党的十九大报告郑重提出了实施“健康中国”战略和“乡村振兴”发展战略，根据《“健康中国2030”规划纲要》和《全民健身计划（2016—2020 年）》，国家和各级地方政府、社会必将加大投入力度，建成县、乡、村三级公共体育设施网络，在城镇社区实现 15 分钟健身圈全覆盖，全面实施国家体育锻炼标准，实现全民健身生活化。同时，大力加强扶持和引导基层体育社会组织发展，实现全民健身组织网络建设全覆盖。近年来，从中央到地方，人们都已经意识到全民健身的重要性，尤其是国家领导人在会见全国体育先进单位和先进个人代表时强调，体育承载着国家强盛、民族振兴的梦想。

体育强则中国强，国运兴则体育兴。要把发展体育工作摆上重要日程，精心谋划，狠抓落实，不断开创我国体育事业发展的新局面，加快把我国建设成为体育强国。国家领导人特别强调指出，加快建设体育强国，就要坚持以人民为中心的思想，把人民作为发展体育事业的主体，把满足人民健身需求、促进人的全面发展作为体育工作的出发点和落脚点，落实全民健身国家战略，不断提高人民的健康水平。从国家领导人近年来对体育界提出的殷切期望不难看出，基于实现“两个一百年”的伟大奋斗目标，意味着国家对体育社会的建构和建成展示出巨大的决心与前所未有的前置战略部署。

五、体育产业迸发活力，形成有效的运行模式

体育产业发展的要义在于将体育与生活充分融通，让体育成为提升生活品质、实现人的全面发展的必要路径。体育产业是旅游、文化、体育、教育、科技等元素交织在一起的“跨界”产业，体育产业的发展已经被纳入经济社会发展的大框架里，基于《关于加快发展体育产业促进体育消费的若干意见》的初衷，受益于“人口红利”“消费升级”“政策驱动”“产业资本”“新技术驱动”，未来十年，我国体育产业将进入黄金发展的十年，必将成为国家经济发展的一大支柱，建构形成“大文化”的商业模式，即“平台＋内容＋衍生经济”的发展思路和方向。

“大文化”的体育产业商业模式：一是最大限度地开发自身资源的商业价值；二是将各类资源整合在一起实现大幅度增值；三是在多元合作中实现共赢，不断拓展新型业务。

其趋势主要体现在以下五个方面：

趋势一：政策红利不断释放，产业发展环境不断优化。随着我国社会经济改革的不断深入，尤其是体育改革的不断推进，体育赛事、体育场馆、明星运动员等体育资源将逐步进入市场。此外，伴随着政府的“放管服”改革，与体育产业发展息息相关的空域、水域等资源将逐步放开，安保、媒体等服务的市场化、社会化进程将不断加速，这将有力地促进我国体育产业的发展。另外，体育产业在财政、税收、土地、就业、信息化和标准化建设等方面的政策将更加灵活具体，政策的可操作性将逐步增

强，产业发展环境将明显优化，体育市场活力将不断激活，作为朝阳产业、绿色产业、幸福产业的体育产业将迎来巨大的发展空间。

趋势二：产业发展的内在逻辑逐渐清晰。随着体育服务逐步进入快速发展阶段，社会力量投资体育产业的热情将空前高涨。届时，除了体育产业发展的资本逻辑和传媒逻辑之外，支撑体育产业发展的本质内在逻辑将越来越清晰。一是体育消费的不断扩大是体育产业快速发展的基石。没有巨大的体育消费人群和消费体量的支撑，我国的体育产业就如同根基不牢的高楼大厦，这一点已经取得社会各界的广泛认可，为此，如何通过供给侧结构性改革来丰富产品供给，培育体育消费，促进消费升级将成为重点。二是运动项目产业是体育产业的本质。国际经验表明，围绕运动项目所形成的产业链条是最具有活力和生命力的，它是体育产业的本质和核心内容，几乎所有体育产业发达的国家和地区都有其特色的运动项目产业。随着我国行业协会改革的不断深入，足球、篮球、冰雪、山地户外、水上、航空等运动项目将得到快速发展。三是体育赛事引领体育产业发展。长期以来，以体育赛事为核心产品的竞赛表演业一直是发达国家体育产业的龙头，引领和带动了其他业态的发展。可以预见，未来十年，我国体育赛事在引领体育产业发展中将表现出以下几个特点：第一，职业体育联赛和群众性体育赛事将取得大发展。第二，体育赛事的市场化、商业化程度将逐步提升，成为竞赛表演业发展的关键驱动力。第三，体育赛事的举办将不仅有效带动健身休闲、中介、培训等业态的发展，还与旅游、新闻出版、互联网、住宿、餐饮和交通运输等产业有广泛的关联性。

趋势三：体育与相关产业的融合态势不断增强。体育作为大健康、大休闲的组成部分，是一个具有较强融合性特征的行业，体育与文化、养老、教育、健康、农业、林业、水利、通航等产业的融合发展具有巨大潜力。尤其是体育文化，将与学校体育、群众体育、竞技体育、体育产业一起构成我国未来体育全新体系，五大领域要协调发展，形成合力，共推体育强国建设。

未来十年，“体育＋旅游”“体育＋健康”的发展空间最大。体育旅游领域，以户外运动为主题的运动休闲主题游将不断涌现，运动休闲、运动体验、康体度假、赛事观赏、山野户外、体育节庆和民族、民间、民俗体育等旅游产品供给将逐渐丰富，我国将逐渐形成一批具有国际影响力的体育旅游目的地，以及一批国家级体育旅游示范项目和体育旅游精品线路。体育健康领域，体育在推进健康关口前移、慢性病干预、健康促进、生活品质提升等方面的作用将逐步显现，社会资本开办的康体、运动康复等各类机构迅速增加，全民健身与全民健康的融合程度不断增强。

趋势四：体育新需求、新业态、新模式将不断涌现。当前，在全球新一代信息技术革命和新产业革命融合对接的背景下，以市场为导向，以技术、应用和模式创新为内核并相互融合的新型经济形态将不断取得发展，并助推我国经济发展方式转变和能级提升。体育产业作为近期才取得快速发展的新兴产业门类，尽管发展基础较为薄弱，但其后发优势较为明显。未来十年，随着我国休闲时代的到来，广大老百姓多元化、多样性的体育消费需求将被激发，再加之我国体育领域“创新创业”的不断深入，以及“互联网＋”战略的逐步实施，体育产业领域将不断发现新需求、创造新需求，以此为基础，体育产业的新业态、新模式将空前发展，为体育产业发展带来前所未有的空间。

趋势五：“科技＋金融＋融合”将成为体育产业腾飞的翅膀。一是“互联网＋”、物联网、虚拟现实（VR）、增强现实（AR）、机器人、无人机等现代科技成果和信息技术向体育服务领域的转移与应用，将加快推进体育产业在内容、形式、方式和手段等方面的创新。二是股权投资、债券投资、融资租赁、众筹、保险等金融工具和产品将不断被应用在体育领域，针对大众健身、体育赛事、体育场馆、户外运动、职业俱乐部、运动员等体育科技和体育金融业务不断创新，成为我国体育产业快速发展的重要助推器。

六、学校体育工作地位显著提高，“体教一体化”成为新常态

学校体育不再是一条腿走路，体育与教育完善融合在一起，

体育的教育功能也得到了充分挖掘和利用。体育作为教育的核心，是实现教育的重要手段，教学中更加注重挖掘学校体育内涵，树立体育文化自信，让体育成为培养健全人格的重要途径，同时通过体育魅力的感染让青年养成终身参加体育锻炼的习惯。

中央和地方政府都深刻意识到教育发展的不均衡，并逐渐改善经济欠发达地区、农村地区学校的办学条件、师资待遇等，不断地整合各学校教育资源，促使教育资源优势互补。教育部郝平副部长在《切实强化学校体育工作》的讲话中，强调“为落实党的十八大和十八届三中全会精神，贯彻党的教育方针，全面实施素质教育，到2020年基本实现教育现代化的战略目标，努力实现学校体育提高学生体质健康水平、提高学生运动技能、培养健全人格的‘三位一体’目标，要狠抓中央7号文件和国办发53号文件的全面落实，以实施‘中国青少年健康促进计划’为抓手，引导各地普遍制订和实施学校体育行动计划，强化体育课和课外锻炼，促进青少年身心健康、体魄强健”，促使学校体育工作地位不断提高。“健康第一”成为学校体育发展的主题，针对“健康”问题，学校体育由“单打独斗”向“全面启动”转化，各项活动全面发展，极大地丰富了学校体育的内容。学校体育教育目标以育人为主，现阶段逐渐将体育的情感功能、培养体育意识作为体育教育的终极目标。从国际学校体育发展来看，更注重体育精神、体育能力、体育意识、体育情感、体育欣赏、体育文化的教育，这些都是将体育教育作为一种功能教育，而不单纯是一种技能教育的体现。社会文化生活丰富，高科技产品游戏的诞生，使学生淡化了体育需求，学校如何发挥体育教育的功能性，让学生充分体会体育带来的益处，是学校体育改革的内在动力。很多学校由原来的注重技能的传授慢慢向培养体育素质的发展，强调院校体育文化的建设转化。学校更加认识到自己的使命，不断推进终身体育的教育，培养学生树立终身体育理念与习惯，学习终身体育的科学方法。

参考文献

References

[1]光明日报评论员．在体育强国建设中再立新功[N]．光明日报，2017-09-11.

[2]中央党校中国特色社会主义理论体系研究中心．正确理解如期全面建成小康社会[J]．求是，2015(09)：21-23.

[3]中共中央文献研究室．习近平关于全面建成小康社会论述摘编[M]．北京：中共文献出版社，2016.

[4]中共中央，国务院．“健康中国 2030”规划纲要[EB/OL]．[2016-10-25]．http：//www. gov. cn.

[5]教育部官员．中国正在加速向人力资源强国转变[EB/OL]．[2009-09-28]．http：//www. chinanews. com.

[6]习近平．决胜全面建成小康社会夺取新时代中国特色社会主义伟大胜利[M]．北京：人民出版社，2017.

[7]邱远．体育与健康教程[M]．北京：北京体育大学出版社，2006.

[8]聂啸虎．试论体育史与社会学[J]．成都体院学报，1983(3)：12-15，6.

[9]李树怡．我国现阶段体育社会系统与结构的研究[J]．天津体育学院学报，1989(1)：48-52.

[10]薛原．与外面的世界对接——以新理念引领体育发展新格局的思考之二[N]．人民日报，2016-01-05(23).

[11]卢元镇．全民健身：健康中国的有力支撑[J]．中国卫生，2016(9)：25-26.

[12]季雪峰．谈全民健身：主动健康的本质是体育运动前置[EB/OL]．[2016-05-27]．http：//www. sport. gov. cn.

[13]马剑．让全民共享体育发展成果——以新理念引领体育发展新格局的思考之五[N]．人民日报，2016-01-09(07).

[14]邱远．体育促进“健康中国建设”的路径研究[J]．体育研究

与教育，2017(2)：17-20.
[15]吴键．特别关注：青少年运动不足，拿什么拯救你？[N]. 中国教育报，2015-06-23.
[16]贾晓宏．运动不足是最大的“流行病”[N]. 北京晚报，2015-08-24.
[17]刘烨．马斯洛的人本哲学[M]. 呼和浩特：内蒙古文化出版社，2008.
[18]何星亮．满足民众需求，方可上下同心[EB/OL]. [2013-09-06]. http：//theory. people. com.
[19]王家宏．体育学科的分化与整合[N]. 光明日报，2016-11-12(07).
[20]本报评论员．开创体育事业发展新局面的强大思想武器——一论学习贯彻习近平总书记关于体育工作重要论述[N]. 中国体育报，2017-01-12.
[21]汪宪忠．以新时代中国特色社会主义思想为指引努力为谱写体育事业新篇章贡献力量[EB/OL]. [2017-11-06]. http：//www. qhtyj. gov. cn.
[22]王涛．营造健康、和谐、公平全运会氛围展示风清、气正、严明大武术精神[J]. 中华武术，2017(4)：12-19.
[23]习近平．深化足球管理体制改革，逐步提高中国足球水平[N]. 人民日报，2017-06-14.
[24]胡锦涛．坚定不移沿着中国特色社会主义道路前进，为全面建成小康社会而奋斗[M]. 北京：人民出版社，2012.
[25]习近平．体育强国梦与中国梦息息相关[EB/OL]. [2017-08-28]. http：//www. cctv. com.
[26]深圳市人民政府办公厅．关于促进体育产业发展若干措施[EB/OL]. [2016-07-12]. http：//www. sz. gov. cn.
[27]阮伟．中国体育产业发展报告(2014)[M]. 北京：社会科学文献出版社，2014.
[28]宣讲家．全民健身上升为国家战略具有重要意义[EB/OL]. [2014-10-31]. http：//www. 71. cn.
[29]李丽，杨小龙，兰自力，等．我国群众体育公共财政投入研究[J]. 首都体育学院学报，2015(03)：196-201.

[30]河源市人民政府．河源市体育局 2017 年度部门预算公开[EB/OL].[2017-02-05]. http：//www. heyuan. gov. cn.
[31]李月娟．体育产业、群众体育、竞技体育和学校体育等之间关系研究[J]. 经济与社会发展研究，2015(1)：67.
[32]刘峣．发展全民健身打造“健康中国”：今天，你运动了吗？[N]. 人民日报海外版，2016-09-23.
[33]习近平．对推动“一带一路”建设提出五点意见[EB/OL].[2017-05-14]. http：//www. xinhuanet. com.
[34]国务院．关于加快发展体育产业促进体育消费的若干意见[EB/OL].[2014-10-20]. http：//www. gov. cn.
[35]国家发展改革，外交部，商务部．推动共建丝绸之路经济带和 21 世纪海上丝绸之路的愿景与行动[M]. 北京：人民出版社，2015.
[36]国务院办公厅．关于加快发展生活性服务业促进消费结构升级的指导意见[EB/OL].[2015-11-22]. http：//www. xinhuanet. com.
[37]王子朴，朱亚成．“一带一路”体育赛事现状分析及发展方向[J]. 西安体育学院学报，2016(4)：390-395.
[38]郑国华．其争也君子——谈中华传统体育精神[EB /OL].[2010-04-02]. http：//www. kong. org. cn.
[39]国家体育总局．体育发展“十三五”规划[EB/OL].[2016-05-05]. http：//www. sport. gov. cn.
[40]国家体育总局．体育产业发展“十三五”规划[EB/OL].[2016-07-13]. http：//www. sport. gov. cn.
[41]国务院．全民健身计划(2016—2020 年)[EB/OL].[2016-06-23]. http：//www. gov. cn.
[42]国家体育总局．青少年体育“十三五”规划[EB/OL].[2016-09-09]. http：//www. sport. gov. cn.
[43]邱远．影响我国学生健康的社会环境因素及其体育干预对策研究[J]. 北京体育大学学报，2004(1)：85-87.
[44]戴春平，刘柏青，邱远．健康教育学[M]. 北京：北京体育大学出版社，2007.
[45]王陇德．中国居民营养与健康状况调查报告[M]. 北京：

人民卫生出版社，2005.
[46]中国教育科学研究院．我国青少年体质健康发展报告[EB/OL].[2012-03-29]. http：//www. nies. net. cn.
[47]刘安华，邱远．青少年健康环保生活知识手册[M]. 北京：北京理工大学出版社，2013.
[48]邱远．对新课程标准下学校体育服务、教学、教师问题的研究[J]. 沈阳体育学院学报，2004(4)：82-83.
[49]邱远，刘柏青．青少年体质弱化困局下运动型学习生涯的构建与研究[C]//中国体育科学学会．2015 第十届全国体育科学大会论文摘要．杭州：2015：1021-1022.
[50]国家体育总局．2014 年国民体质监测公报[EB /OL].[2015-11-25]. http：//www. sport. gov. cn.
[51]邱远，闫虹．体育课程教学促进大学生心理健康的实验研究[J]. 北京体育大学学报，2005(12)：1630-1632.
[52]邱远．试论人文视野中体育教育的生命意义[J]. 沈阳体育学院学报，2005(4)：11-13.
[53]刘柏青，邱远．健康教育干预对高职学生健康素养水平的影响[J]. 体育研究与教育，2014(6)：125-128.
[54]刘柏青．新时期我国体育“弱化”现象及其新生成[J]. 体育科技文献通报 2015(2)：105-106.
[55]徐日泉，邱远．关于大学生健康素养的调查研究[J]. 教育理论与实践，2011(5)：41-43.
[56]钟远金，邱远．大学生健康认知与心理健康关系的调查分析[J]. 体育学刊，2012(4)：81-84.
[57]熊月之．体育自觉与人的全面发展[N]. 文汇报(上海)，2014-08-08.
[58]新华社．习近平出席全国卫生与健康大会并发表重要讲话[EB/OL].[2016-08-20]. http：//xinhuanet. com.
[59]易剑东．赛事开发和版权营销有很大空间[EB /OL].[2016-07-04]. http：//www. sportsii. cn.
[60]国家体育总局．张剑谈体育文化建设[EB/OL].[2012-05-15]. http：//www. sport. gov. cn.
[61]新华社．2015 年中国体育产业统计数据发布[EB/OL].

[2016-12-27]. http：//xinhuanet. com.
[62]刘鹏．大力加强体育文化建设[J]. 求是，2012(4)：50-53.
[63]张洪潭．体育大势简论[J]. 体育与科学，1997(1)：45-46，54.
[64]易剑东，王会寨．兴奋剂——透视奥林匹克运动的多棱镜[J]. 南京体育学院学报，1997(3)：55-57.
[65]卢元镇．竞技体育的强化、异化与软化[J]. 体育文史，2001(4)：19-20.
[66]许可．我国快乐体育的兴起及其异化现象研究[J]. 体育成人教育学刊，2005(2)：48-49.
[67]李吉远．学校体育的异化研究[J]. 天津体育学院学报，2008(4)：336-338.
[68]黄平波，安国彦，刘龙，等．学校体育异化现象审视[J]. 体育文化导刊，2008(2)：89-92，94.
[69]吴德勤，朱磊．略论休闲体育的两重象征意义[J]. 体育科学，2006，26(9)：79-81.
[70]赵峰．中国传统体育的文化基因解读[J]. 搏击·武术科学，2009(2)：76-78.
[71]徐本力．对我国体育产业理论研究中几个问题的调查与研究[J]. 北京体育大学学报，2002(2)：148-151.
[72]北大体育产业研究中心．2017 年体育产业发展趋势简析[EB/OL]. [2017-02-27]. http：//www. pkusf. com.
[73]黄汉升．专家解读“儿童青少年体育健身指数”[N]. 新民晚报，2015-11-28.
[74]国务院办公厅．关于强化学校体育促进学生身心健康全面发展的意见[EB/OL]．[2016-05-06]. http：//www. gov. cn.
[75]中共中央国务院．关于加强青少年体育增强青少年体质的意见[EB/OL]. [2007-05-24]. http：//xinhuanet. com.
[76]中共中央．关于全面深化改革若干重大问题的决定[EB/OL]. [2013-11-14]. http：//xinhuanet. com.
[77]教育研究杂志社．2016 中国教育研究前沿与热点[N]. 中国教育报，2017-02-13.

[78]丁念金."翻转课堂"促使我们反思课堂改革[N].中国教育报，2014-04-16(6).

[79]《体育教学》编辑部.专家、学者畅谈新课改(之一)：谈体育课程改革的初衷和目标(下)[J].体育教学，2012(2)：4-7.

[80]谢哲.70%的人锻炼会半途而废！专家告诉你为什么[N].羊城晚报，2015-08-22.

[81]吴键.我国青少年体质下降代价将影响一生[N].人民日报，2014-08-01.

[82]霍键.每年 530 万人运动不足致死亟待建设运动型社会[EB/OL].[2012-07-27].http：//health.sohu.com.

[83]韩宁.奥运吹来运动风医生们，请动起来！[N].医师报，2012-08-03.

[84]中国卫生部."健康中国 2020"战略研究报告[EB/OL].[2012-08-17].http：//www.gov.cn.

[85]廖文科，郭建军，陈永祥，等.中国儿童少年营养与健康报告 2015[M].北京：中国人口出版社，2015.

[86]李晓智，张惠红.中美青少年运动动机的差异[J].体育文化导刊，2012(10)：155-158.

[87]李雪颖.实现青少年体育持续健康发展——专家谈制订《青少年体育振兴规划》的构想[N].中国体育报，2013-04-16.

[88]慈鑫.中国青少年的体育活动太温柔[N].中国青年报，2014-08-08(07).

[89]蔡明明，滕苗苗，孙娟娟，等.对我国公共体育服务的思考——基于公共财政的视角[J].福建体育科技，2016(3)：15-18.

[90]李丽，杨小龙，兰自力，等.我国群众体育公共财政投入研究[J].首都体育学院学报，2015(3)：196-201.

[91]崔乐泉，杨向东.中国体育思想史(古代卷)[M].北京：首都师范大学出版社，2008.

[92]邱远.对广东省中学生体育学源性不良心理的调查研究[J].武汉体育学院学报，2005(5)：60-63.

[93]邱远.学校体育发展新论——面向 21 世纪中国学校体育一

体化发展研究[J]. 解放军体育学院学报，2005(2)：117-120.

[94]张帆. 论语[M]. 北京：北京燕山出版社，1995.

[95]《国学典藏书系》丛书编委会. 四书五经[M]. 长春：吉林出版集团有限责任公司，2010.

[96]邱远. 对河源市中学生掌握体育与健康基础知识情况的调查[J]. 体育科学，2004(3)：78-80.

[97]冷荣清. 浅析体育教学中不良学习心理状态与调控[J]. 贵阳师范高等专科学校学报(社会科学版)，2004(4)：75-77.

[98]张子沙. 体育教育心理学[M]. 北京：警官教育出版社，1998.

[99]卢元镇. 中国体育文化纵横谈[M]. 北京：北京体育大学出版社，2005.

[100]赵勇. 大力实施体育文化精品建设工程以体育文化滋养体育事业跨越发展[EB/OL]. [2017-12-11]. http://whzx.sport.gov.cn.